JN438134

지리산 빈 들판

| 민수호 제2시집 |

청옥

● ● ● 제2시집을 내며

『멀구슬』 첫 시집 100여 편으로 발간한 이후 2년여 만입니다. 이번 시집 『지리산 빈 들판』이라는 시집의 이름을 붙이기에는 많은 고심을 하였습니다.

산청 함양 사건 당시(1951년) 저자는 태어난 지 10개월의 갓난아이 였는데 부모님 등에 업혀 함양군 유림면 서주 마을의 공동 집결 死地에서 살아남은 점 같은 기록 하나를 남겨야겠다는 저자의 運命史에 복잡한 생각들이 포함되었음을 숨기지 않습니다.

이번 2번째 시집을 내면서 詩라는 글을 쓰면 쓸수록 어렵다는 것을 절감하며, 천둥번개 같은 깨우침으로 더욱 정진해야 함을 다시 한 번 반성, 겸손하려고 합니다.

문화예술이라는 큰 울타리에 文學을 하는 정리된 사람들 속에는 각자의 이념적인 사고가 글이라는, 문학이라는, 예술이라는 표현으로 무궁무진한 상황, 이 외에도 정치적 사회적 사업적 등등에 수많은 갈등의 차이들이 감겨져 있음을 지금에 절실히 고뇌하고 있습니다.

요즘은 詩人의 홍수에, 詩가 홍수의 강으로 흘러 떠내려가고 있다고 합니다.

혼란의 詩文學 세상이라고 합니다.

詩의 홍수 시대에도 시를 읽는 사람은 오히려 줄어들었다고 하니, 재미있는 소설은 있는데, 재미있는 詩는 없다고 합니다.

이러한 풍요 속의 갑갑한 부담감을 안고 재미있는 시를 쓰는 생활적 선도 시인들이 많이 나오기를 간절히 희망하면서 부담감을 숨기고 이 시집을 내게 되어 마음이 오목해집니다.

이런 시대, 문학적 파워를 제외한 저의 이 시집을 읽어보시고 평범한 보통 사람들의 생각에, 생활의 삶에, 정서적 감성에, 직 간접적으로 도움이 되었으면 함이 저자의 바람입니다.
『지리산 빈 들판』을 읽으시고 비록 재미가 없다고 하더라도 풍부한 마음에 깊은 바다 같은 事由를 가지며 생각의 둘레가 미소와 입술이 오물조물 움직이는데 조금이라도 도움이 되시기를 기대합니다.

저자는 지리산 산청 고향에 귀향하여 토란 같이 여생을 마칠 미래와, 지금 나라의 人口 현실에 10여 년 후에는 우리나라가 어떻게 변화될 것인지 등등…
이런 긴장감이 돌고 있는 미래는, 어떤 상황이 오고 울퉁불퉁할까도 생각, 고민하며.

- 산청 추모공원 〈안내 해설사〉의 사무실에서 민 수호

차례

제2시집을 내며 · 3

제1부 그림자

사랑이란 ······ 12
39.5도 여름 ······ 13
가을 억새 ······ 14
간이 맞는 ······ 15
갑질 뇌腦에게 ······ 16
계산서 ······ 18
강물과 바다 ······ 20
고로쇠 자작나무 ······ 21
고추 일생 ······ 22
구름[雲] ······ 23
구상 팔장 삼왕후九相 八將 三王后 ······ 24
구형왕 능과 王山寺 ······ 26
그 정情 ······ 28
그리움 씨앗 ······ 29
그림자 ······ 30
그리움은 ······ 32
글[書] ······ 33
금낭화 ······ 34
길[路] ······ 35
꽃잔디 ······ 36
나는 누구인가 ······ 37
농은 민안부農隱 閔安富 ······ 38
내가 행복해지는 입[口] ······ 40

제2부 대문을 없애다

대문을 없애다 ········ 42
누구나 다 ········ 44
대원사 단풍 ········ 45
리우 골프 ········ 46
마음의 미로 ········ 48
마음과 생각 ········ 49
모양지 강변에서 ········ 50
묘향대墓香臺 ········ 52
마주친 숨소리 ········ 54
무게 ········ 55
무엇을 남길 것인가 ········ 56
무덤 ········ 58
무촌지간 ········ 59
문턱걸이 ········ 60
믿음 ········ 62
반딧불 ········ 63
밤머리재 ········ 64
밥 사는 게임 시대 ········ 65
본디오 빌라도 식式 ········ 66
부부 소나무는 ········ 68
빈 기다림 ········ 69
사랑과 그리움 ········ 70
산수유 ········ 71
삶의 숫자 ········ 72

제3부 여름 생각

새벽 봄비 ······ 74
생각의 결과 ······ 75
서투른 사색 ······ 76
석과 불식 ······ 77
손자孫子 ······ 78
시詩의 민주적 가치 ······ 80
시인 유치환과 이영도 ······ 82
술[酒] ······ 84
아침 ······ 85
아파 우는 종소리 ······ 86
아버지 어머니 ······ 88
여름 생각 ······ 90
여생餘生 ······ 92
歷史라는 것 - 역사는 파워게임의 불문의 법칙인가 ······ 94
얻고 잃는 것 ······ 96
오(5) 신비 ······ 97
오늘 ······ 98
우분투ubuntu ······ 100
우주 연분 ······ 102
이념과 친구 ······ 103
이팝나무 ······ 104
인생은 꽃인가 ······ 106
인연과 별의 희망 ······ 108
인생은 ······ 110

제4부 지리산 - 천왕봉 1,916.77m

일본 후꾸오까 여행 112

잘난 체한다고 비판하지 마라 114

잡초 바래기 116

입을 맞추다 118

장동檣洞 마을 119

정情 120

정답 121

정유재란 이순신의 간보기 - 2017년은 정유년 122

정치와 좋은 정치인 124

정신문화 도구 126

좋다는 것은 127

주유소 한결 128

지리산 둘레길 5코스 130

주상리 463-16번지 - 민준서 孫에게 132

지리산 망개나무 133

지리산智異山 - 천왕봉 1,916.77m 134

진정한 또 저항 135

질투가 크는 희망 136

처염 상정處染常淨 137

추석秋夕 풍경 138

친구, 소주로 반성 139

태블리 PC 140

태산목 142

태풍전야 144

제5부 흐르는 것

통일벼 블랙리스트 - 이제는 말할 수 있다 - ……… 146
할미꽃 ……… 149
하늘과 손 ……… 150
하늘과 태양에게 ……… 152
하소연 ……… 154
함양 상림숲에 달린 그네 ……… 156
행복한 그리움 ……… 158
행복함은 하나만 가져라 ……… 159
험담 복수 ……… 160
혜택폭탄 ……… 162
흐르는 것 ……… 164
호흡이 사랑할 때 ……… 165
공허한 다짐 ……… 166

제6부 지리산 빈 들판 - 산청, 함양, 거창 사건 -

견벽청야堅壁淸野 ······ 168
눈 닦고 오는 추모공원 햇살 ······ 171
동서화합東西和合 ······ 172
방곡리 추모공원 ······ 175
위령탑의 눈물 ······ 176
유족회 ······ 179
이게 역사인가 ······ 181
지리산 빈 들판 ······ 183
추모 공원에는 ······ 185
추모공원 까마귀 드론 ······ 187
캐내는 일과 고독함 ······ 189
마음 ······ 193

제 1 부

그림자

사랑이란

생각을 가진 사람이
마음을 머리에 얹고

마주 보며 한곳으로
몸속에 불덩이 소복히 채운
열정으로 같이,

한곳에 점찍고
한 발씩 발 묶고 걸어가는

그 길[路] 인생의
물방울 속 같은 깨끗한 울타리
무지개 같은 것

입술 위의 눈썹 사이에
줄서서 날을 지새우는.

39.5도 여름

날 새고 아침 눈뜰 때면
태양은 샘물에서
갓 나온 친구인데

점심나절 지나면
하늘에서 외박 나온
불덩어리 태양이 되어

땀방울 네댓 개
이마 타고 점령군처럼
눈 속으로 쏙 흘러든다

태양은 망설임도 없이
100미터 달리기하듯
칼의 속도로 온몸으로 달려들어

순결한 빛을 쏘아
땀샘 길, 줄줄이 맛사지하니

빛이라고 감사 인사하기엔
살인적 39.5도가
너무나 야속하고 힘들다.

※ 2016년 8월 여름은 20년 만의 폭서였으니…

가을 억새

흔들흔들 멋쟁이 몸
수직 언덕에 기대서서
하얀 바지 환상이어라

언덕 넘어서 달려오는 듯
늦가을 바람에 야호 야호 야호
구부린 L/S자 춤으로 신이 났구나

강江 너울 갖고 놀고
그리움을 뭉쳐오고

긴 머리 여인의
손짓 눈짓 다 담아
추억 녹여 오는구나.

2017년 가을
새부산 시인협회 /서면 시화거리에 전시한 詩.

간이 맞는

서로
간이 맞는 사람
딱 맞는 사람

천생 연분은
우주연분 인연이고

앵두 가슴,
톡 터질 봉선화 그릇
그 열매 터지는 맛은

간이 딱 맞는 사람
싱겁고 짜지 않는 맛

잘 익은 사람
봉선화 맛,
첫사랑이다.

갑질 뇌腦에게

세상 사는 법칙들은
여기나 거기나 비슷한데
사람이 생각하고 움직이는
결과들은 천차만별이니

눈[目] 위에 모셔져 있는
복잡한 뇌가 대법원 위의 해결사

눈만 뜨면 지시하고 결단시키는
수많은 행동들을 판결 내서
전쟁 같은 삶을 살아가게도 하는가

생각도, 행동도, 부자도, 가난도
머리가 좋고, 안 좋고, 하는 행동들을
간섭하고 창조하는가 --

용서하고 싶지 않은
차별의 틀을 만들어 내는 뇌,
갑질하는 뇌, 이놈 !

너를 법의 형평성으로 재판에 세워서
“뇌의 형평성법”을 제정해서
차별 없는 세상을 위하여
감옥으로 보내고 싶다

갑질하는 권리의 홍수
적폐들을 말이야…

계산서

세월은
시곗바늘 같은
12에서 출발하여
12에서 마감되니

끊임없이 돌고 돌아
기쁜 일도 슬픈 일도
사랑하는 일도 행복한 일도

태어나고 성장하고
어떤 때는 맵고 눈물도 나고
어떤 때는 입이 귀에 붙고

양파 같은
무지개 같은 이벤트에
모두 다 있었던 것인데

인생이
태어났음의 실체이면
마르지 않는 세월은
살아온 삶의 계산서이다

그 계산서는 땅속에
머리카락 눕히기 전에
마지막 좁은 길 입구에서
받을 것인가.

강물과 바다

강물은 바닷속에
섞이는 그 의미로

깊이를 모른 채 넓이도 모른 채
흐르고 흐른다

가다가다 어느 날
섞이고 또 섞이며
하나가 되어 바다가 되어

강물도 소금 만드는
바닷물이 되나니,

하늘이 사랑해 만든 구름과 같이
이야기 배꼽 같은 우리인 것을

섞여서 흘러갈 바다의 강
흘러서 섞이고픈 순수인 것을.

고로쇠 자작나무

깊은 산속 눈밭에서 외롭게 살아가면서도
춘설春雪로 덮힌 꽁꽁한 2 월에

피부에 입술 같은 구녕* 하나 내어주면
사람 뼈에도 좋다는 달달한 물 흘려
'고리수' 라고 하지 -

멀리서 보기만 해도 탄성이 나오는
피부가 하얀 자작나무는 3월이면
잘팍한 물 흘려 내어주니 '거제수' 라고 하지 -

보금자리인 숲한테는 눈총 받으며
과학이 설명하기 힘든 선택한 사랑을 기부한다

숲에서 잠자고 생활하는 고로쇠, 자작나무들은
수많은 병고로 신음하고 있는 인간들을 향해
사랑할까 미워할까 ?

말없이 겸손하게 줄 서있는 나무들에게
공손히 가슴 열고 감사할 이 누구인가.

* 구녕 : 구멍의 경상도 사투리.

고추 일생

이른 봄 흩날리는 씨앗으로 태어나
어디에 팔려갈지도 모르는데도 열심히 커서
연약한 몸이지만 시장 땅바닥에 초조히 대기하였는데,

농사 경험도 없는 착한 귀농귀촌 집으로 팔려 나갔다는데
정성들여 심어주고 물도 주고 거름 밥도 주시니
배불리 먹고 저녁 이슬도 마시며 촉촉히 살아가는데,

뿌리를 받아준 고마운 땅은 대책 없이 푹푹 밀어 올리니
밥값 하려 매운 체질 어쩔 수 없이 알록달록 매달려
이름 모를 벌거지들은 나를 못 살게 파먹고 살아

주인은 왔다 갔다 하더니만 눈치도 못 채고 세월만 보내니
좋아라 문고병이 나를 죽이려 벌떼처럼 달려드니 무서워라
아풀사 ! 반죽음된 나를 터질 것만 같은 독한 농약으로
분무기로 뿌려대며 약물 목욕을 시켜주더니,

1주에 한 번씩 뿌려대니 문고병 놈은 다 죽었는데
50도 건조기에 80시간 고문당할 빨간색 운명이지만

황금 가을 다가오니 무, 배추 동무하며 항아리에 콕!
주인 입속에 들어갈 생각하니
온몸이 빨갛게 행복해진다.

구름[雲]

문득 창밖의 아침 하늘을
바라다 보았다

구름은 西에서 東으로
웅장하고 아름답게
천천히 흐르고
그 속에는 누가 공주처럼
타고 있을까 알 듯도 하지만…

구름 사이로
파란 하늘, 검붉은 하늘,
미소 짓는 하늘이 둥실하게 내려다 보는데

저렇게도 열심히 움직이며 일을 하니까
비도 만들고 하늘도 보여주고
상상想想의 내 마음도 열리게 해 주는구나

가다 쉬다 바쁘고도 열심인 저 구름들은
동해 바다 끝, 속 깊은 바다 밑에서
장엄하게 쉬고 있는 태양 앞에서는

임무완수 잘했다고 칭찬받으며
자존심 거두며 보따리 싸겠지.

구상 팔장 삼왕후九相 八將 三王后

산청군 금서면 주상리舟上里
주상부락을 장동檣洞 마을* 이라 한다

세금정 - 의병들이 왜군을 벤
칼과 창을 씻은 곳이다

주상 마을에는 전해오는
호지好地 터가 있다
구상 팔장 삼왕후 -

9인의 재상이 나고
8인의 장수가 나고
3인의 왕후가 난다는
장동 마을이라고 전해져 온 역사

이의성이라는 중국 大將師의 뒤를 따라온
옥용자王龍子에 의해서 전국에서 좋은 집터를
찾기 위하여 모여들어 마을을 이루었다
역사歷史의 전설이 행복한 희망이 있는 장동 마을

지금도 사방팔방으로 이 터를 찾고 있으며

왕산 아래 今西面 지역은 질곡 애환의 고장이지만
역사에 보상받을 나라를 이끌 지도자, 후손은
대한민국에서, 세계 각처에서 무럭무럭 자라는 중이고

좋은 터
장동 마을, 동산洞山이 15만 평이나 있는 부자 마을
행복한 미래의 희망 마을은 분명하다.

* 장동 마을 : 산청 금서 주상, 시인이 태어난 고향임.

구형왕 능과 王山寺

구형왕은 가락국 제10대 마지막 왕이었다
김유신 장군의 증조부이다
신라 법흥왕에게 532년에 선양하였다고 추측하고 있다.

양왕이 거처하였던 집이 왕산사로 변하였는데
대들보 위에 원인 모를 목제함(상자)이 얹혀 있었다
아무도 이 상자를 열지 못하였다
함부로 열다간 큰 일이 벌어진다는 전해오는 전설이 있어서였다

매일 왕산사 스님들은 이 상자를 보고 불공을 올리곤 하였다
그러던 중 어느 날 산청군의 좌수 민경원(조선 정조22년, 1797년)
이라는 사람이 이 절을 찾게 되어 궁금하여
스님에게 사연을 묻자, 사다리를 가져오라 해서 보관된 열쇠로
이 의문의 나무 상자를 열게 되었다
상자 속에는 아무것도 없고 문종이 한 장에 쓰여 있는 문장 내용은

"민경원이라는 사람이 이 상자를 열 것이다"(민경원 개함)
"조금 아래로 내려가면 있는 돌무덤은 나의 무덤이고"(지금의 돌무덤)
"서쪽 방향을 수십 리 가면 왕비의 무덤이 있고"(함양군 마천면)
"좌측 입구에는 갑옷과 칼이 있다"(돌무덤 입구 좌측)

왕무덤의 기록은, 산음현 산천조와 홍의영(1750~1815년)에
왕산 심능기에 기록되어 있다.
왕산사에서, 양왕 부부의 초상화를 가져왔다고 기록한다.
구형왕과 왕비를 덕양전에(1930년에 현 위치이전)모셔두고
매년 제를 올린다

산청군 금서면 화계리에 소재해 있는 가락국 마지막 구형왕
능은 설움과 한스런 멸망의 역사를 고스란히 영원히 보여주며
기록 없이 실존하고 있다

여기서 3킬로 떨어진 산청 함양 사건의 질곡 회한의 역사
이 지역 순수한 양민 700여 명이 학살된 방곡리에 추모공원도 있다
아! 산청군 금서면 땅은 질곡의 한 서린 역사의 고장이다
대한민국에서는 최고로 기가 센 곳이다

이제는 그 응보의 자연법칙에 의하여 후세들은 대나무 죽순처럼
이 나라의 기둥이 될 큰 인물이 나타날 순서이다.

* 방곡 마을 김종성님 口述참고, 서하향토사 241P 등 참조.

그 정情

하늘과 날씨는 영원한 삶의 화제
하늘 아래 수억 명 사람들은
생각 속의 마음하고 결정되어 합쳐지면

새로운 인연으로 정情이라는 것이 태어나
그 놈의 정 때문에 엉키고 설켜서
인생의 그릇에 태풍처럼 휘섞인다

오고 간 그 정은 죽을 때까지
정이라는 깊은 바다
수백 미터 깊은 곳에 저장되어

정이라는 싹은 지면 피고
피고 나면 마구마구 날아다니니
지울 수도 처분할 수도 없는 것이니

함부로 생산하지도, 지우지도 말 것이며
태어나게 한 그 정은 호흡 다할 때까지
파란만장을 극복하였듯이

어금니 꽉 깨물고 반듯하고 정직하게
불룩하게 모셔야하는 것이다.

그리움 씨앗

하늘에서는 바다가 지나가고
땅에서는 하늘이 쪼개진 속으로
우당탕 그리움이 굴러온다

항도航道에서 지리산 기슭 당그래산 아래까지
천지가 갈라진 지진은 빨간 점 하나 찍어
칼 같은 바람 휘두르듯 가슴을 강타해

30센티 가슴속 마음을 부동산 매입하듯
얼런 퍼떡 수천 만 원을 순발력으로 지불해 버리고는
얼마인지 묻기도 전에 권리금 붙여서 --

같이 숨 쉴 수 있는 여생 공간이
궁궐 같은 기와집이다

태풍 바람 같은 그리움 씨앗은
마음핏줄 타고 들어와 파안대소할 일만 남았으니
민들레 홀씨되어 그대 속으로 숨어들며 커가네.

그림자

산청 주상 마을에서 태어나
긴 여정의 인생길 육십갑자 돌고 걸어와
총천연색 삶, 남은 20여 리 정도 -

바다가 주인 행세하는 충무시청에서 제1인생
진주라 천리길 경운기공장 대동그룹 제2인생
이름만 들어도 부러워하는 해운대 바닷가에
아파트 건축이 기술이다 경호건설(주) 제3인생

돈 만지고 관리하는 선출직職 장산 새마을금고 이사장 제4인생
응애~하고 세상을 소유했던 고향
산청군 주상 마을 처음 그 자리로 돌아 왔으니 제5인생

산청에는
지리산이, 왕산이, 필봉산이, 당그래산이 있고,
동의보감 촌이, 지리산 향기를 뿜어대고
아픈 역사 구형왕릉, 산청함양 사건 추모공원 원혼들
집 앞 500미터 앞에는 똥뫼산이 두 팔 올려 인사하니

고향 주상 마을은 도토리묵 같은 부드러움과
아침 이슬같이 깨끗하고 소박한 물방울이다
인생을 생각하며 단풍을 생각하고

질 때를 잘 알고 떨어지는 듯, 지는 가랑잎처럼
책상 서랍도 컴퓨터도 휴대폰도 깨끗이 잘 정리해두는
착한 세상으로 윤회할 영혼을 염두에 두고

詩도 쓰고 경험도 나누어주며
지나온 여정을 맛있고 진솔하게 기부하며
반성하고 까불기도 했던 태풍 같았던 지난날들을
주상 마을에서 조용한 가슴으로 조용히 수그린다
세상 만고의 순리대로 정定해진 순서,
정해진 그 곳으로…

그리움은

눈 감으면 단풍 널린 산, 그리고 바다
눈 뜨면 까만 하늘과 새벽
생각 속에 생각 위에 떠있는
그대 그리고 꼬리잡기하는 그리움

만져질 때도 보일 때도 있지만
새벽이 찍힌 천정에는
욱신욱신거리며 선명하게 보이고

오늘도 내일도 글피도
똑같은 시나리오는
계속되고 반복되는 것일까

새벽은 삶의 출발이 되어
아침이 되고 희망이 되고

그 희망의 그리움은
마음속에 흐르는 사랑,
마음의 핏줄이다.

글[書]

글[書]을 쓰는 것은
시詩를 쓰는 것은

자기 자신을
채찍질하고 점검하며

세상을
때론 비판하고
때론 긍정키 위해
작은 기침을 하고,

더 좋은 세상을 위해
큰 기침을 하며 진화하는

의, 식, 주 같이
꼭, 필요한 도구이다.

금낭화

전깃줄에 빨랫줄에
능청스럽게 초롱 매달고
경사 났나 불 밝혔다

영축山을 거꾸로 진열해서
맘껏 충혈된 초롱초롱은
스트레스 열 받은 몸매 오히려 황홀하니

바라보니 생각나는 춤, 통도사가 빙빙 돌고
청사초롱 저 두렁두렁 금낭화
공작새가 날개 펼쳐 폼 잡아 봐도 질투일 뿐이고,

입술 쫓삣 휘파람으로 줄 세워 놓고
초롱에 혼이나가 마구 두들대는 목탁 소리
마하반야 장단, 국보급 퍼즐이다.

* 영축산: 양산 통도사 뒤에 있는 명산
통도사 서운암 시화 작품(2018.4.24.~5.25까지).

길[路]

지금까지 걸어온 길
앞으로 걸어갈 길
보이지 않는 많은 길들,

어두컴컴한
지금의 길이라 해도 -

창창 빵빵한 미래가 될지
알 수가 없는 길이라도

심장, 강심장으로
씩씩하게 눈 확 뜨고
내일이 줄 서 있기에
앞으로 가야 하는 길이다

그래서 길은 고민하지 말고
무조건 힘차게 밟으며
씩씩하게 걸어야

주먹 같은, 용기 같은
길 -
힘이 만들어지는 것이다.

꽃잔디

산청 생초 박물관
두 눈앞이 온통 하나다

황홀한 기분으로
울긋불긋 분홍색 비탈을
두 눈으로 좌 ~악 만져보니

빵 ~ 터진 기분이
가슴 비비며 질투하고

온몸은 쭈우욱 ~
허리를, 목덜미를 뒤로 뒤로

귀방 손님 같은 5월의
산청 생초 박물관
꽃 잔디 만남
엄지손가락이 당연히 치솟는다.

나는 누구인가

질문은 남에게만
할 것이 아니다

자기가
자기에게, 나에게

나는 누구인가
이 詩를 읽는 순간부터

눈을 감고, 멈추고
마음속으로 천천히
생각을 해 보라 !

나는
누구인가를…

오늘까지의 파워와 겸손을
부끄럽지 않게
잘 걸어가고 있는가

잘과 잘못의
7대3의 보통 비율인가
3대7의 오버페이스인가.

농은* 민안부農隱 閔安富

이성계 조선건국 1392년, 민안부, 신규, 임선미, 조의생 등등 72현 고려 충신들, 무력 구테타 집권에 반기를 들었다 625년 전 두문동杜門洞에 은신하며 후일을 도모할 목적이었으나 전원 몰살당하다

고려 공양왕 때 예의판서를 지낸 농은 민안부農隱 閔安富, 극적인 탈출로 살아남아

경남 산청군 생초면 대포리에 피신 은둔, 민 후손들이 대대로 이어져 오늘까지이다.

1981년 발견된 "농은실기"에 "천리길 탈출기"가 생생히 기록되어있다.

충절의 기개, 충절의 상징, 충절의 실천, 고려의 마지막 충신 민안부 !

매월 초하루 보름날이면 산청군 왕산 중턱의 우뚝 솟은 바위 망경대에 올라

지팡이 옆에 두고 개성을 향하여 절을 올리며 고려 망국과 임금님을 추모하였던

山淸 閔門의 시조, 고려 충신 민안부,

불의 부귀어 아여부운不義 富貴於 我如浮雲, 의롭지 못한 부귀는 뜬구름이다

이 글은 민안부가 남긴 충절의 유시遺詩이다
조선 왕조 아래서는 벼슬을 해서는 안 된다,
라는 유시를 남기다.
조선 현감에 기용된 아들에게 사직토록 하였다

영조조 때는 72현의 충신들이 은거하였던 두문동을 부조현에 봉하고
치제의 은전을 베풀었다
정조 때는 표절사表節祠에 제향기도 하였고
산청의 영남 유림들에게 숭절사에 제향되었다.

아,
역사는 승자의 것인가.
산청군 생초면 대포 마을에 가서
정중히 모셔진 농은 민안부, 그 위패를 본다.

* 농은農隱 민안부 :
고려 예의판서를 지낸 충신으로 조선 이성계 개국을 막지 못함을 신하로서 도리를 다하지 못하였음을 한탄하고 두문동에 은신 하였음/숨을 은 자로 / 당시의 인물로 6은이 있음
(목은 이색/포은 정몽주/도은 이숭인/야은 길재/수은 김충한) 두문동 72현 중의 한 사람으로 갑골문천부경을 전한 인물임.

내가 행복해지는 입[口]

입으로 들어가는 모든 것
몸속으로 들어가는 모든 것

복잡한 인체의 기관에
생존의 영양으로 흡수되고

생식기로 항문으로
배설되어 버려지게 되지만,
무릇, 입단속 촘촘히 잘 하면
아무런 구설도 병마도 없을 터

절제하고 통제하는 건강 비법은
가장 가깝고도 쉬운 입단속이리라

입하나 조심하면 존경받고 사랑받고
건강한 행복로路의 기본이 아닌가.

제 2 부

대문을 없애다

대문을 없애다

60갑자 넘어, 돌고 돌아 종이에
점 하나 찍었던 땅 귀향은, 키다리 가을 수수처럼
모래알 사연들이 주렁주렁
90년도 더 된 낡고 허눌한 기와지붕 아래 흙집 하나,

아래채는 헐고 위채는 땟깔 나게 하였지만
삐걱거렸던 양철 대문은 세월 역할 역사 속으로
마루에 걸터앉아 바라보니 똥뫼山의 상수리, 소나무가
이제야 왔냐고 커다란 몸집으로, 흔들며 애교를 부리고

경호강鏡湖江 건너 서주 마을 강변에는 가로등만 멀뚱하게 서있고,
도로엔 자동차가 가뭄에 콩 나듯 지나가고
가끔 서주 마을 이장이 "알립니다" 마을 방송 소리가
옆에서 방송하는 양 착각이 들 정도이다

저 강변 터에서 할아버지 등에 업혀 1살짜리 나만 살고
할아버지는
"야! 이놈들아 내가 무슨 죄가 있냐" 소리치다
육신이 사방팔방으로 산화 하신, 산청 함양 사건으로 -
67년 전 서주 마을 강변은 지금도 총알 같은 쌩 바람 소리만
쟁쟁하구나

대문大門이 있었다면 볼 수 없는 천금 같은 풍경들
한여름 밤이면, 흙 마당 집 뒤안으로, 고양이는 물론이고
족제비, 오소리, 산돼지, 고라니, 참새들도
먹이 맡겨 둔 양 들락거릴 것이고,
마당 앞에 누렇게 익은 나락들이 산대들과 경쟁하며 숨 쉬는
소리가
마음을 주물주물하는구나

놀이터 무상으로 내 주어 베풂이 생겼으니
하늘도 경계측량 없이 집터보다 수십 배 더 넉넉히 놀라 하고
뭉게구름 흘러간 만큼이나 손짓하며 은혜를 베푼다
수십 마지기 논들 위의 창공에 까지…

대문 없앤 것이 이렇게도 걸죽한 홍자弘資를 만나는구나
산청군 금서면 주상 마을, 지리산 멧돼지, 고라니,
땅강아지들과
비비대며 흙 묻은 토란土卵으로 계산서 지리산에 날리고
섞이며 살리라, 여생餘生을…

누구나 다

상식으로 다 아는 원리
하늘 아래 태어난 생명,

죽어서 사라지는 자
죽어서 유명해지는 자

「누구나 다
반드시 죽는다」

어떻게 중심 잡고
살아가야 할까…
깊은 동해 바다처럼
묵직한 지리산처럼

깊고 넓고 겸손하게
살다가 가야 하는 것이다

마음은 눈 아래 땅을
45도로 조절한다.

대원사 단풍

가을이면
정직하게 보인다

외로울 때도
그리울 때도
목탁이 울릴 때도

보고 있으면
우와 ~ 우와 ~~
황홀한 탄성이다

하늘을 톱질하여
수갑 채운 단풍들은
가랑잎으로 개명하더니

대원사 계곡 속으로
노란 손짓하며
날아가고 있다.

리우 골프*

파란 잔디 초원 같은 40만 평 땅
108번뇌 구멍 18개 파놓고
포물선 그리며 하얀 공은 날아 다닌다

숫자로 보면 116년 만에 선택된
4일간의 72홀, 16언더파인데
세계가 놀래서 금메달로 인정하고
골프 역사 리우 올림픽에 처음으로 등극해서

골든슬램 이루었으니 우~와와 축하한다
대한민국 골프는 박세리이고 박인비이지만
자연과의 전쟁이고, 수만 가지 변수와의 싸움이다

18홀 구멍에 101.6미리 깊이로
땡그렁~ 소리 한 번 들으려고
울고 웃는 멘탈게임 파노라마다
기쁨과 속 쓰림의 수만 가지 스트레스를
5시간 동안 4명이서 다독이고 또 다독인다

날아가는 하얀공, 숲으로 날아가 버렸는데도
아무렇지도 않은 척 괜찮아 괜찮아로 허풍을 떤다
굿샷 굿샷 하며 힐링 같은 소리 지르며

폼잡는 아마추어들이 와글와글 북새통이다

새가 날아서 버디가 되고
일상용어처럼 눈에 귀에 몸에
오늘도 미래도 힐링 희망 날아다닌다.

2016년 8월 브라질 리우올림픽에서 금메달 박인비를 보고.

마음의 미로

갈 수 없는 하늘과
갈 수 없는 땅도 있지만,

내 마음 그 마음은
가고 올 수가 있을 거야
이런 식式 미로 같은
세월 흐르니

세월을 살아왔고
진실을 쌓아왔으니

이제는 희망

이런저런 자존심
눈칫밥 보자기 던져 버리고

미로 같은 마음 죄송 찍고
두 손 만세 같은
함성 지르며 우뚝 얼런

친구여-
그대여-.

마음과 생각

마음은
보이는 하늘인데

생각은
마음을 빡시게 시험한다

어디까지 왔을까
어디쯤 있을까

걸어서 뛰어서
멈추는 그날이

언제이고
어디쯤 일까…
무한대의 점들과

조마하게, 푸짐하게
수군거리는 마음뿐이다.

모양지* 강변에서

푹푹찌는 여름 날인데도
저 건너 수천 년째 누워 지내는
서주리의 후덕스런 큰 바위들

그 위에는 당당하게 아름답게
깔려있는 파란 잔디와 소나무들
100여 미터 넓은 강으로
어린 시절에도 있었는데
중년인 지금도 그 자리 그대로 있으니

모양지 강물 속에는 지금도
편안히 누워 있는 *마당바위에
왕복놀이 하던 시절, 아마 수영 수없이 길러낸
선생님 같은 물속의 큰 바위

엄숙한 몸집으로 강물 속에
보일 듯 안 보일 듯 지금도 누워만 있구나

어린 시절 멱감고 씨름놀이하던
모양지 강변이 마음속의 추억샘이구나
모래사장은 다 어디가고

이끼들만 가득한 풀숲으로 변했는가

세상만사 변하지 않는 것도 여기 있고
세월이라는 절단 파쇄기로 부셔 버린
수없이 변한 것도 여기 있으니,

말없이 흐르는 저 경호강물도
모양지에 놀던 모래사장 같이
우리들의 지금이고 또 내일이구나.

* 모양지 : 산청군 금서면 주상 마을의 자연 발생 공원 (묘향대, 300년 느티나무 있는 강변).
* 마당바위 : 함양군 유림면 서주리와 산청군 금서면 주상 마을의 중간 지역의 강물속에 가로 3미터, 세로 7미터 정도 사각형으로 누워있는 물속 큰 바위의 이름.

묘향대墓香臺

엄천강은 지리산이 어머니이고
동청강은 모양지가 아버지인데

묘향대는 민봉혁 조부가
소학 대학 읊던 유영소이고
여기에 자연하고 노닐던
어린이 어른들은
주상 마을, 화산 마을 사람들 아닌가

주상 마을 속에는
장동, 범천, 새터, 똥뫼, 강회
화산 마을 속에는
간선 먼당, 당그래산,

추자나무골, 강회연못,
스케이트 타던 곳 있었지 -

모양지 동청강에서
정자나무 그늘 받치고
마당바위 형제바위,
터럭(털)바위 붙잡고 딩굴며
나체 몸으로 멱감고 놀던 어린 시절,

94년이나 된 역사의
금서국민학교 졸업하고
대한민국 방방곡곡에
서하를 금서를 빛내고 있구나

그 이름 찬란하고
행복하기도 한 역사들이 잘도 살고 있어
다가올 내일들은 창창할 것이다.

마주친 숨소리

인연이 있었으니
마주친 삶이 있고

삶이 있으니
사랑이 태어났다

마주보는 너와 내가
숨소리 경쟁하며
흠뻑 젖는 가슴속으로

다가간 99도의 숨소리는
입김 뿜어 내는 소리

지리산을
거꾸로 매달아 두었어도

마음잡고 살아 갈 수 있는
희망인 것이다.

무게

하늘에서 비가 내린다
하늘에서 결재 받은 후
조용히 주룩주룩 ---

나무에, 잔디에, 길바닥에, 지붕에…
느낌의 불공평은 있지만,
축축히 땅 적시며 소리 내며

수천 미터 상공에서 떨어지는
그 무게가
상상을 초월할 텐데도
아픈 척도 않으니

인내심이 강한 것인지
원칙의 기준치인지
도무지 알 길은 없다

하늘의 뜻을 잘 받드는
수만 가지 변수의 함성

생각의 무게를 묶어
내 머리의 불룩한
무거움이기도 하다.

무엇을 남길 것인가

세상 살아가는 오늘에
두서너 개 소통 모임들
누구나 다 있지

여기 와서도 저기 가서도
시집詩集을 읽고도
영화를 보고도

사람 만나고 헤어지고도,
돌아오면서 돌아와서도
머릿속에 마음속에

남아있는 문장 하나
있는가 없는가
생각해 내기란 참으로 어렵지만

그렇다면 이 시詩를
읽고는 문장을 총총히 기억하라

시詩가 없는 삶이라면
줄에서 밀려나

내려앉고 말 것이다
「나는 참 행복한 천연기념물
시를 읽었노라」고

사소한 데서 큰 것을 얻는다.

무덤

삶에는 소금 같은 사랑도 있고
미워하며 다투고
막말하는 흉담도
전쟁 같은 싸움도 있지

미움을 묻고, 싸움을 묻고
흉담도 묻고, 욕심도 묻고
나쁜 생각들을 묻어서
합동 무덤을 만들자

동네 한복판에
조그마한 무덤 하나

말, 미, 흉, 싸, 욕, 합동무덤으로
소통 화합 이뤄지면
좋은 마을 좋은 세상

"길이 아니면 가지를 말고"
"말이 아니면 듣지를 마라"
지금보다 더 좋은
주상 장동 마을 물려주자.

* 주상 장동 마을 : 경남 산청군 금서면 주상리 주상 마을의 이름, 현재 21가구가 살고 있다. 경북 예천군 지보면 대죽리 한대 마을에는 400~500년전에 만들어진 말 무덤이 있다고 한다.

무촌지간

생각과 마음은
무촌지간이고
촌수 없는
생각과 마음은 일심동체라

두툼한 깊은 생각이
좋은 마음을 만들고

간절한 기대와 소원은
어머니 같은 마음으로
마음속으로 저장 되어
건행健幸*한 육신을 지탱

그래도 불룩한 생각들은
수만 가지 변수를 정리해주는
마음의 어머니가 아닌가.

* 건행 : 건강하고 행복한.

문턱걸이

오는 봄, 가는 봄
문턱걸이* -

공직자 테두리
월급자 울타리
인사 발령장으로
한턱을 사는 불문법

입안에 침을 끓이는
미풍 상식常識이다
김영란법의
엄중한 성문법이 있어도

소통, 은은한
무궁화 꽃 같은
韓民族의 씨앗 !

삭풍, 아무리 불어도
각박, 아무리 수군 그려도
권한, 아무리 바뀌어도

상식의 둥근 삶 속에서
스스로 열려 있는
마루 넘어 방으로 향하는 거리
이슬같이 순진한 사랑은 자란다.

2018년 1월 31일 추모공원 모 계장님의 문턱걸이, 모 식당에서.

믿음

가슴속에 살고 있는
싱싱 팔팔한
기개氣概 품은 소나무

마음속에 생활하는
순수 열정의 장미꽃은

바로
너와 나다.

* 남명 조식 선생, 산천재 시화전 작품 (2017년 9월).

반딧불

먹물, 캄캄한 밤
신비한 빛 선물하려고

적막한 어둠의 들판 속에서
반짝 반짝 집중시키나

수컷, 정사를 치르고 죽고
암컷, 알 낳고 죽는데,

자기희생 장엄히 하면서
반짝이고 사라지는 반딧불이 있으니

불룩한 자기 욕심만 채우는 이 세상에
반딧불을 가슴으로 후루룩 마시며
기침 한 번, 하늘 한 번 콱! 베어 먹고

영롱한 빛으로 뿌우우 뿜어주는
정직한 그런,
그런 세상이 그립다.

밤머리재

비구니 대원사 있는 삼장에서
한방촌이 있는
금서今西 방향으로 달린다

밤머리재 12구비 오르막 내리막 길
불타는 단풍 가로수 물감 사열 받으니
가슴이 간질간질하고

꼬불꼬불 S자 신작로에
홍 단풍 불기둥 보초병 가로수들
수많은 산청 인물 배출한 젓꼭지 필봉산이
정면에서 마음을 고정시키니

온몸이 찌릿하게 흥분하여
무의식으로 지르는
우와 ~~ 우와 ~W A ~~
탄성, 탄성, 탄성이다

너울 같은 단풍 하트들은
하늘에 매달린 구름 풍선 되어 나르고
산청 최고의 밤머리재 단풍나무 힐링의 길,
미래가 가랑잎이 될 단풍들을
황홀한 희망을 가슴에 집어 모으니
온 혈관들이 가랑잎처럼 움직인다.

밥 사는 게임 시대

60년대~ 21세기로
세월을 꼬박 꼬박
밟아온 너와 나 지금 세상은

권력자 고함의,
목소리 투하하는 시대에서
하얀 봉투 꼽치는 시대에서,
오토바이 순찰차 문둥이 손가락 되는 시대에서,

21세기 지금은 SnS 유리 시대에
김영란법 시대에
밥을 누가 많이 사는가의 경쟁 시대
밥도 순발력, 재빨라야 밥값을 내지

엉뚱한 신발 끈 매는 주산 부기 오공 육공
세대는 왕창 지났고

원칙 소굴 게임의 김영란법
삶의 전쟁터, 착한 경쟁 세상은 평소에
누가 밥을 많이 사느냐의 게임 시대이니라.

본디오 빌라도 식式

前, 로마제국 총독
“본디오 빌라도”가

“예수 그리스도”를-

로마제국과 종교 권력이 합세해서
십자가에 못 박아 죽였으니, -

전 세계 인구 70억 명 중
수십 억 명 기독교인들은

수천 년 전부터 오늘날까지
예배드릴 때 마다 먼저
“본디오 빌라도” 에게
저주의 기도로 시작하고 있음은
기독교 기도하는 사람은 다 알고 있다

전, 00 소장 대행 칠, 등등
法!, 앞뒤가 맞는, 맞지 않는 목目치 방망이로
벼락치기 해고 함성한 판관 나리들

더불어, 모두 모두 모두
역사에 저가低價의 화신이 되지
말라는 법法, 합당하다는 법法 ---

최소한의 人의 미움을 버리고
객관의 法을 기본을 가져야 함은, 가져함이
범인範人으로서 기본 상식인 것을…

부부 소나무는*

봄에는 새잎
여름에는 녹음
가을에는 들판
겨울에는 눈꽃

하늘 향해 외치고
땅을 뚫고 존재하고 있는
강하고 다정한 외로운 존재,

알고 보면
산山 정상에 우뚝 서 있어도
밤이나 낮이나 늘 외롭지만,

들판 중심 하동 평사리에
빈 들판에 공기 가려 마시며 서 있어도

외롭게 부둥켜안고 서있는
부부 소나무는
어떤 사랑이 녹아 있을까
가서 보면 느낄 수 가 있을까.

* 부부소나무 : 하동군 악양면 평사리에 있는 「부부 소나무」

빈 기다림

날자가 달력 위를 걸어 다니고
1 에서 31까지의 숫자들은
아무도 호명하지 않았는데도
순진하고 정직하게
순서대로 멀뚱멀뚱 줄 서 있다

언제, 무슨 숫자에 체크하라고
아직까지도
아무런 카톡 씨앗 하나
뿌려주지도 않고 있으니,

날 새고 또 새도
하늘의 뭉게구름들은
속절없는 안개가 되어도

눈[目]속에, 꽁꽁 날씨 속에, 마음속에
청소된 마음 살펴주는
토닥토닥 소리만 요란하다.

사랑과 그리움

눈[目]속에
마음속에

항상 있으면
사랑하는 것이고,

마음 같은
가슴속에
울컥 울컥 있으면

무지개 같은
그리움이다.

산수유

계절을 졸라 봄을 꿰찬 채 공중에 매달려
눈망울을 움직이는가 -

노란 입술 오므리고 숨은 듯 매달려 줄 서 있다가
따가운 햇살에 턱숨 막혀 가쁜 호흡하려고
귀여운 혓바닥을 내미는가 -

노란 그 용기로 저요 저 ! 눈[目] 붙잡으려 하는가 -

함양 하림下林의 파크 골프맨 들
발걸음 눈걸음 호기심 붙잡으려 하는가 -
구례 산수유 마을에 봄 축제 행차하려 하는가 -

산山 같은 정직함과 물[水] 같은 깨끗함과
선비[儒]처럼 의관정제 폼 잡으려 하는가 -

땅을 향해 거꾸로 매달린 채
슬쩍 보라는 듯, 밀린 계절 서열 봄날에
눈[目] 지팡이 붙잡으려
탄성 질러 보라고 나타났는가.

삶의 숫자

살아간다는 것은

사랑이 선택한 의무이고
혼자가 아닌
수많은 웅덩이 속에서

이렇게 저렇게
내 맘대로 사는 것 같아도
시도 때도 없이
잘되고 못되고

질구럭한 궤도들을
굴렁쇠 울타리 속에서
계속 만나게 되어 있으니,

살아보니 좋고 나쁨은
공상의 어머니도 되고
좋고 나쁨은 6대 4 이고

이것이 인생의 판이고
삶이더라.

제 3 부

여름 생각

새벽 봄비

소리 없는 새벽에
캄캄한 비가 온다

새벽을 알리는 닭은
빗소리를 품고
소리로 동업한다

꼬~끼오　우 ~ 두둑
우~두둑　꼬 ~ 끼오

하늘에서 두툼한 어둠을
까만 보자기에 담아서
땅바닥에 떨어트리는 소리

한 번도 들어보지 못한
봄 공연
주제곡 장단이다

눈 감고
입장료 받고 있다.

생각의 결과

생각을
크게 깊게 하면
부드럽게 하면

긍정적인 좋은 결과가
만들어질 것이고,

생각을
작게 짧게 하면
강하게 하면

부정적인 나쁜 결과가
나타나

드러누울 것이다.

서투른 사색

지나온 세월은 과거가 되고
다가올 미래는 희망이 되고
서있고 앉아있는 현실은 지금인데

추억으로 마중나간
초가집, 기와집, 바닷가, 빌딩들은
허공에서 뒹굴면서 만족할 수는 없었지

크고 작은 일들은 모두 다
머릿속에서 가슴속에서
양 팔과 두 다리로
마라톤으로 달리고 또 달렸는데

지나온 삶, 운동화 등산화로
질컹하고 딱딱한 땅을 밟아가며
뚜벅 또박 걸어왔지

어제도 오늘도 기울어진 밥상을
이제는 운명대로
반듯하게 만들어볼 때다.

석과 불식*

하늘에 시커먼 먹구름
사회가 천둥 태풍 어지러워도
아무리 허탈하고 배가 고파도
자존심 땅에 나자빠져 뒹굴어도

그대들의 먹잇감이 촐삭 촐삭
맛이 익어 천년만년이고 싶어도,

내일이라는 법칙의 희망은
뺑튀기 불로는 결코
타 없어지지는 않을 것이니

희망의 씨앗, 상식의 벌판에
석과불식 새겨드리오니
알기나 하소서…

2016년 12월 1일 언론들에게 고함(필자)-

* 석과불식碩果不食 : 주역에서 인용된 말, 자기의 욕심 버리고 복을 넘겨준다는 뜻, 소인은 많고 군자는 몇 명만 있다는 비유.

손자孫子

세상은, 인생은 끊김이 없는
종족 연속의 자연법칙이고

할아버지, 아버지, 나…
아들이 있고 손자가 있지

종족의 이름표, 가문의 거울 같은 책
족보는 대천지 보물처럼 집집이 모셔두고 자랑

빽빽한 족보 책에 자리 잡은 손자 이름
의무 다한 내 증표로 기분이 우쭐해진다
눈앞에, 눈 속에 왔다 갔다 하는 손자의 내일이 궁하다

산과 들에서 기세를 자랑하는 칡넝쿨 -
뿌리가 수직으로 깊고 넝쿨의 줄기가
인간의 종족 번식을 빼닮은 칡넝쿨이고

손자가 칡넝쿨인가 인간이 칡넝쿨인가
쳐다보면 싱싱해서 좋고 생각하면 미래라서 좋고

손자는
하늘과 땅 위에서 가장 자연적이고
가장 현실적인 희망적 내일이니

보이지 않는 앞날의 행복 속에 존재하는
미래이고 인류 존재의 순응이고 법칙이다

남자라는 손자는
우쭐할 만한 가치의 사람
가문 법칙일 수 밖에 없다.

시詩의 민주적 가치

시인은
하늘과 땅 사이에서
일어나는
모든 것에 대하여

문학의 자부심으로
시인의 양심에서
표현의 가치로 쓰고

총칼보다도 더 무서운 문장으로
주장하고, 비판하고,
당당히 용기 있게 표현한다.

시詩가 없는 세상을
상상이나 할 수가 있는가
차별 없는 인권까지
누가 감히 고문할 것인가

소리가 없고 억양이 없는 시詩이지만
표현으로 주장하고 생각으로 쓰고
시의 정직한 향기까지 발산하는
정신문화의 기본이다

우리가 사는
자유 민주 사회의

희.로.애.락 적 삶의 맛을
엄숙히 마시며 살아가는
도구인 것이다.

시인 유치환과 이영도

청마 유치환 시인과
정운 이영도 시인,
이루지 못한 사랑
이루어 지지 않은 사랑
플라토닉 러브

통영에서 대표적인 수식어를 가진
두 남녀의 시인이다
한려수도 통영에서 두 남녀 시인 교사가
5,000여 통의 편지를 쓴 청마 -

지금도 통영시에는
청마 우체통으로 유명하다

"파도야 어쩌란 말이냐"
유명한 바닷가
낭만의 시를 남긴 청마 유치환

사랑하는 이영도를 만나러 가다가
교통사고를 당해
세상을 뜬 청마 -

이영도는 200여 편의 청마의 詩로
시집 『사랑하였으므로 행복하였네라』
단숨에 베스트셀러가 되었지만,

두 남녀 시인은
하늘나라에서는 행복한 사랑을 하고 있을까

플라토닉 러브가 아닌
아름다운 간절한 사랑을……

술[酒]

아무리 마셔도
없어지지 아니 한다

실수하고 난 후
부외질* 나서 후회하고

그래도
재감 없이 마시며
또 실수하고 머리 숙인다

술은
굴렁쇠 같은
둥근 함정이고

마셔서 없애려고 하지만
결국엔 내가 먼저 쓰러지는 적수,

술 !
취하지 않으면
절대로
마시지 않는다.

* 부외질 : 경상도사투리, 상대가 화가 나도록 하는
* 산청 한방 축제시 시화용 작품임(2017년).

아침

새론 희망이
소복韶福히
들어 있고 -

티 없이 맑은
확대경
현미경 같은

물방울
이슬입니다.

아파 우는 종소리

좋은 맘으로 치던 음흉한 맘으로 치던
힘껏 마음껏 때려야 아프도록 때려야
종소리는 크게 웅장하게 울려 퍼진다

이 세상 지금 세상 병신년 !
정치인, 검사, 언론, 촛불, 태극기, 노조들이
광란해서 병신년이라 완전히 광란하여

백성을 얕보고 무식한 줄로만 알고
아프게 하고, 떠들고, 왜곡하고 있어도
때려 맞아 서럽게 울고는 있지만,

아팠던 만큼 더 커질 것은 다 안다
천방으로 날뛰는 엿장수들은
미래를 아름답게 가질 상식의 자격은 없고,

버려질 걸래와 기울어진 양심의 휴지들

증오심에 뿔난 백성들이 찢어 뭉개
청소한 날은
이미 상해서 버려진 후일 것이니

기울어진 서해바다여! 저 종소리와 같이
안녕, 아 ~ 안녕…
숨 막히는 엘리베이터 공간에서
詩人은 종소리를 통곡으로 쓴다.

2016년 12월 31일 병신년의 마지막 날, 시간에.

아버지 어머니

바람 부는 어느 날
지독한 가시덤불 하나를 찾았다
저기라도 들어설 자리 없어서
두리번거리는 망설임
얼른, 결정하지 못하는 몸의 반사적 작용
그 속엔 핏줄타고 내려오는 두 DNA가

물감 같은 아버지의 희고 검은 색깔
단풍잎 같은 어머니의 색소
머리 회전 소박하게 움직여 보지만
어디에 점찍어야 만사가 편할까 혼심을 저울 한다.

욱하는 어머니는 '나는 쉽게는 물들지 않는다' 외쳐대고
아버지 DNA는 손손 밀려온 위풍당당 하얗고 까맣고
어느 날부터 어머니는 무너진 듯
하얗고 까만 색깔로만 물들어갔다
거북함 속 화목함을 움켜쥔 위풍당당 DNA는
승복 없는 운명적 승리이다.

일곱 나무 가지들도 손손 DNA로 물들어가고
아파도 아픈 척을 못한 채 물감에
똑같은 색상으로 물들고 채색되고 말았지

한평생 줄기차게 뭉쳐대고 보살피며 휘어지게 일만 하더니
세월 가고 나이테 희미해지니 힘도 피도 말라들어
고추밭, 배추밭으로 도망가듯 피해가는 단풍 색소 어머니,

죽음을 앞둔 하얗고 까만 색소 DNA 아버지를
흙냄새 밴 무명 이불 한 채로 덮어서
향나무 목욕물에 몸 닦아주며 막판 호흡 교통정리해주니

대롱대롱 매달린 인생을 고해성사하며 창문 열 듯
마지막 마음을 주고받고, 물이 가득한 눈을 훔치며
지나간 세월아 추억 스피커는 고장 나도 상관없어
지독한 가시덤불 깨끗하게 벌초하여 두었으니
망설이지 말고 들어서서 깊은~ 잠 깨신 후에는
최고 좋은 옷 편하게 입고 다시 태어나시옵소서.

여름 생각

지독한 추위가 겨울이라는 이름으로
온몸을 빳빳하게 등짝을 세우곤 했는데
어느새 봄이 오는 소리
시인들은 봄노래로 시를 써서 보다가 읊다가 했지

노란 새싹들이 지천을 울리며 세상에 나타나
나 여기 건재하오 움트는 봄빛으로 쏘아 올렸지
또 어느새 벚꽃으로 끼를 부려 맘 설레게 했지

산들산들 봄바람이 멋는가 하였더니
벌써 여름 맞이하는구나
어설프게 푸르른 산과 들에
건들거리며 춤추는 아지랑이 속으로
조용한 마음속에 내가 여기 서 있는 것 같았지

그래도
가슴 펴고 옷 홀라당 벗고
첨벙 첨벙 경호강 물에 빠질 생각
경호강 레프팅 환상으로 여름을 생각했지

두둥실 아싸야로 즐겁게 합창하며 조를 짜서 놀던,
철썩철썩 고무배 타고 기우뚱 깔깔 거리던,

작년의 여름 소리
산청 경호강 정개이다리* 밑에
울긋불긋 화려한 레프팅 생각, 흐르는 생각.

* 정개이다리 : 산청군 산청읍과 금서면을 연결하는 교량 명칭.(레프팅 출발 지점).
한국문인협회 〈월간문학〉 2018년 7월호에 실린 시.

여생餘生

손과 발로 세월을 비벼 먹었다
산청에서 충무로
충무에서 진주로,

중년과 신 중년은 진주에서 해운대로
해운대에서 산청으로 -
돌고 돌아 산엔청 본대本隊로 귀착하였네

빵틀에서 빵이 부풀 듯
호박넝쿨 고구마넝쿨 사륵샤륵 커지듯 -
살고, 크고, 조용히 더불어 걸어왔는데

태양이 서산에 황홀히 감동 마시며 숨듯이
주상 마을 서산에서 기울며 숨을 것이다
손등과 목덜미에 생긴 울룩불룩 주름살들은
세월만큼의 이정표인 것을 자축하며,

자전거 타고 오토바이 타고 승용차도 탔고
기차 같은 긴 태풍도 지나왔었기에

텃밭에서 잘 자란 옥수수 수염 만지며
아름다운 지리산 속의 반달곰 같은 삶을 희망하고

조용한 이팝나무 느티나무 그늘 아래 부채 걸어놓고
침이 다하는 그날까지
바보처럼 살았구나 쿨쿨히 인정하고

만만히 갈데없어 성철 스님 생가 모퉁이 돌아보듯,
지난 세월 반성 철판 두드려 부스러기 닦아내며
조용한 지리산 속 산청 금서 장동 마을이고 싶다.

歷史라는 것

– 역사는 파워게임의 불문의 법칙인가

인류의 역사도 세계의 역사도
대한민국의 역사도
사실대로 기록하면 되는 것인데도

사실대로를 360도 방향에서
어느 위치에서 누가 쓰고,
어디에서 보느냐에 따라
하늘과 하늘 차이 -

꽃을 피게 하였다가도
다시 죽게도 하듯이
사람에 따라서 권력에 따라서 -

애국자가 반역자가 되고
선과 악이 통째로 뒤바뀌는
한 많은 현실과 과거가 울부짖는다

복이 화가 되고 화가 복이 되는 것이
동서고금을 통하여 진리로 통하니

조선 500년 시대에서 대한민국

5천년 역사 지금에도
부지기수이고 현재도 진행 중이니,

아, 이노무* 사람 사는 세상아 -
돌고 도는 파워게임은
죽었다가도 다시 살아나는 불사조처럼
우리 인생의 미완의 숙제거리인가.

* 이놈의.

얻고 잃는 것

방송 채널들
하루 종일 -
이 사람 저 사람
회전판으로 불러
생방송으로 뿌려대는데

갑자기 말투가 변경된
패널 그 사람들
자기의 생각일 뿐
아무리 찔러대도

얻는 것은 출연료
잃는 것은 배신값 수준이다

보고 듣는 정상인 사람들은
이미 다 아니까.

오(5) 신비

사랑의 신비身泌
5단계

1. 눈[目]이 마주쳐야
마음을,

2. 손[手]을 잡아야
따뜻함을,

3. 입[口]을 맞추어야
그 맛을,

4. 가슴[房]을 느껴야
희망된 열정을,

5. 마지막 관문은
우주 같은 인연이 있어야

대명천지의 사랑을
함께 할 수 있음이니라.

오늘

세상의 이치가
매일 아침은 오고
또 다음의 아침도 오는데

또 오늘 같은 내일,
내일이 오늘 같은
미래가 바로 오늘이다

오늘은
발전하고 진화하는
우주와 인생의 법칙인 것

오늘은
인생에서 멋지고
아주 중요한
오늘인 것이다

오늘,

누구를 어디서 만나
소통하느냐에 따라

불행도 행복도 운명도
좌우 될 수 있고

오늘은 볼록한 지갑을
열어야 할 것이다.

우분투ubuntu*

손에 손잡고
같이 같이 나아갑니다

아프리카 사상을
우리들은 언제쯤 따라 배울까
우분투 !

경제수준은 수십 배 높은데
같이 나가는 배려수준은
신생국 알라가 아닌가

우분투ubuntu가,
아프리카의 사상이라면
빨리 빨리 나 혼자는
한민족 사상思想이란 말인가?

아니야 아니야
통하고 같이해야
지존 발전할 수가 있으니

뱃속의 위세척 행해서

같이같이 굴러갑시다
신풍新風 운동 벌려서 -

동서남북 우분투 사상
대한민국 우분투ubuntu로.

* 우분투ubuntu: 우분투는 아프리까 반투족의 말로서 "우리 함께 있기에 내가 있다"라는 뜻임. 아프리카의 思想이라고도 함.
만델라 대통령이 자주 사용해서 널리 알려지기 시작 함.

우주 연분

몰아쉬는 호흡이
송곳 같은 열정이다
치열한 오금 없이는
사랑의 성취는 없는 법

천생연분 같은
사랑하는 인연도
장미꽃 같이 숨 가쁜 호흡도
장엄한 열정 set(셀)이 줄을 서니

동시에 똑같은 목소리로
이름 모를, 애성이 터지고,

찐득한 땀 냄새 마시며
하늘땅 같은 풍선으로
우주연분이라고 자축한다.

이념과 친구

인간성은 그 사람의
기본에서 나온다
사회적 이념, 생활의 이념

이념은 그 사람의
정체성 하고도
당연히 연결 되고

이념의 방향이 다르면
서로가 소통을 아무리
노력해 봤자

상호 감정만 노출되고
스트레스만 쌓이는
절친은 될 수가 없으며

이념이 다르면
불편한 관계가 지속되는 것이
삶을 살아온 노하우다

"유유상종"은 괜한
고사 성어가 아닌 것이다.

이팝나무

기둥 같은 몸통 하나에 꽂아 세운 것처럼
수십 개 가지들이 위용하고 당당해서
하늘을 향해 만세 부르듯
죽~ 뻗고 서서 넉넉해 보이는 이팝나무

잎은 몸속에 가두고 얍실한 껍질은 소박한 옷이 되어
춘궁기 60, 70년대처럼 배고픈 사람들을 아직도 못 잊어
천사 어머니 같은 쌀밥 퍼 나르려고 시동 연습 중이고

5월에 흉년 들고 끼니 걱정하는 이 없는 세상 되었어도
밥 봉사, 추억 역할 변함없이 하얀 쌀밥 꽃 피워대니
저 꽃이 무슨 쌀밥인가? 피식 웃을 신세대, 유리세대들 있지만,

이팝나무 꽃 역사, 눈으로 배고픔이 해소된 스토리텔링들
줄기 타고 세월 타고 시인들은, 산림山林가는,
증표삼아 시를 쓰고 역사를 쓴다
노쇠하고 주름살 꽃이 된 농촌 마을 어귀에
외롭게 자부심으로 살아가고 있는 이팝나무여!

산림 기술자들, 이팝종족 다산으로 불려냈으니
삭막한 도시 길숙이에 가로수라 이름 붙여
쌀밥 대신 흰 눈꽃으로 힐링하라 하니

아, 세월 따라 이팝나무 역할,
자본 파워에 자존심 풀고 순응하는가 싶어
추억을 아는 시인은 또 한 번 이팝한테
느낌 모를 섭함을 하늘 향해 시선 쏘며 침묵한다.

인생은 꽃인가

하늘이 있고 땅이 있으니
살아갈 삶의 공간에서
아름다운 세상이 만들어 태어나다

마음속에는 행복한 생각도 있고
파도처럼 울렁거리는
그리움도 스며 살고

태어나서 죽는 날 까지
인생이라는 동그라미 울타리
전쟁 같은 경쟁 속에서도

꽃이 되고 나무도 되니
구름(雲) 아들 같은 무지개도 있고
행복함도 있으니,

인생이 꽃길인가
꽃길이 인생인가
누구나 다 걸어갈 인생 로路

운명은 건강해야 할 희망이고

꽃길같이 향기 깔린
여생들의 희망 꽃이다

노고단, 동화사 그 길
황홀한 단풍길 같은
행복한 즙汁이고 꽃이리라.

인연과 별의 희망

하늘이 있으니 지구가 있고
지구가 있으니 존재할 땅이 있다

어머니 뱃속에서 나와
천진난만 거짓은 모르고
잘살아 온 자부심도

다 - 지나고 보니 저울로 마감된
간접 풍문 지식으로
훈련된 사랑의 입방아 타령이었으니

자신을 뒤돌아 반성하는 날에
이런 양심적 고뇌에 도달하면
훌쩍이는 척, 힐끔 곁눈질하겠지

인연의 연분이라고 한 함성들은
속세를 뒤로 하고픈 강철 같은 분노가 되리라

하얀 종이에 쓴 언약들은 쓰레기통에서
햇빛은 어둠이 승리하였다

분노가 아닌 건강한 별은
또 다른 삶의 희망이 될 것인가.

아,
세상은 자기 편리하게 살라고
요모조모 잘 만들어 가꾸어 놓은 神이다.

2017년 10월 2일.

인생은

태어나야 하는 현실이고
살아가야 하는 의무이다

생각하며 움직이고
느끼고 행동하고, 즐겨야 할 것이며

기쁨도 슬픔도, 행복도 불행도
운명이라는 울타리 속에 갇혀서

물결처럼 살아가야 하는
만고 유일의 자연법칙이다

오늘과 내일과 지금이 있는
천생연분 같은 굴렁쇠 속의 너와 나,

환상적인 뭉게구름 속에는 무엇이 있을까
궁금하듯이

수 ~ 만 가지 변수 속의
길도 없는 미완의 여정이고
보따리이다.

2016년 산청문인협 가을호.

제 4 부

지리산 – 천왕봉 1,916.77m

일본 후꾸오까 여행

작고, 왜소하고, 정직한 국민성
절약은 기본이고 허풍이 없는 국민
국가는 잘살고 국민은 가난한 나라
정치는 왁자지껄하지만 국민성은 겸손하고

명치유신, 일본의 자부심은
나의, 대한민국의 치욕이 아닌가
나라의 역사는 그 국민의 삶이고
민족의 뿌리다

일제 36년 식민치하의 우리 조상들의 恨
이제는 그 한스런 세월이
경제라는 인간 생존의 위력 앞에서
천년이 흘러도 불가함으로 생각되어 기를 죽이고 돌아오다

국민으로서 내가 손자들 미래를 고민하게 하네.
일본은, 대한민국과는 모든 면에서 차이가 있다
왜 우리 조상, 민족은 일본보다는 개인적으로는
천하제일의 좋은 점만 타고 났는데도 뒤뚱뒤뚱할까

조선 500년의 남인, 서인, 노론, 소론이 지금까지
아무런 변함없이 지속되고 있고, 주장은 하늘인데
정직하고 겸손하고 절약 같은 국민성의 DNA는 왜 없을까 -

가까이 하기엔 너무 먼 일본이긴 하지만,
무시하고 잘난 체 하기엔 오금이 저려온다
60 후반 세대인 나에게는 일본 역사에 국민에 대한
분노는 구름이고, 부러움은 하늘인데,

우리가 쌈 싸먹는 회를 혓바닥으로 간질 간질 음미하는 국민
화장실 내의 수돗물을 맛있게 마시는 일본 국민
집 옆에 비행장 들어서도 근본적 반대 안 하는 일본 국민
도로가 우리보다 좁아도 우측 운전을 자부심 갖는 일본 국민
호텔 자판기에 거스름돈 안 나오는 구닥다리를
전통이라고 여기는 일본 국민,
마을 뒷산에서 화산 연기가 모락모락 나도 평온히 사는 국민
무질서나 위반은 찾아볼 수가 없는 일본 -

어찌 다 열거할소냐, 단 기간의 일본 열도 극히 일부분을
보고 느끼고 온 나의 일본 여행기의 긴장감은 1주일 정도나 갈까?

풍선이 자랑이고, 존심 세고 잘도 열 받고 금새 망각 잘 하는
특수하고 우수한 뇌를 가진 대한민국 국민, 바로 나다
우리나라 정치는 4류, 바로 너와 나 우리,
우리 국민이다.

2017년 10월 31일 일본 모 여관같은 호텔에서.

잘난 체한다고 비판하지 마라

사람 본심은 애초에 대동소이한데
특별히 뛰어나서 성공한 사람,

서울대 나오고, 장관, 국회의원도 하고
재산도 50억 정도 가진 사람이

지나간 자기 경험의 이야기를 한다고
이 사람을 보고 잘난 체한다고
비판할 사람은 드물 것이나,

역으로 위와 같이 성공한 사람이
다른 사람들이 사소한 자랑한다고
잘난 체한다고 비판하고
험담하지는 않을 것이다

자기 자신이 특별한 삶의 경험이나
성공한 대열에 끼지 못하는 사람일수록
남에 대한 긍정적인 생각을 할 수가 없으니
마구 상대방을 잘난 체한다고 비판하고 미워하지

사람은 누구나 나이가 60갑자 넘으면
잘살고, 못살고, 돈 있고, 돈 없고를 떠나

살아온 나이테, 인생 경험이 다양할수록
이야기 할 스토리가 많을 수밖에 없으나

무턱대고 비판은 하지 않을 것이고
겸손은 만고의 덕목이지만
말을 꾹! 참고 칭찬을 해주면 오히려 대접받는 것이고

최고 가치의 지식은 인생 경험의 지식이니
늙은 학자나 노인 한 사람이 죽는다는 것은
도서관 하나가 불타 없어지는 것이지

어차피 우리들 인간은, 인생은
누구나 다 정도의 차이는 악간씩 달라도

앞서간 사람들의 역사를 답습하며 살아가야 하는
윤회의 법칙이 아닌가
만고의 진리이고 영원한 것이리라.

잡초 바래기*

바래기 잡초는
산에 있는 칡넝쿨하고 같아
생존하는 방법이…

줄기가 폭포수 소리만큼 커 가는데
마디마디가 땅에 뿌리를 내리고
점포 분양하듯이
천둥 치며 존재를 키우는데

맨손으로 뽑기는 어림도 없고
손톱 밑에 새까맣게 들어가는 흙을
비아냥거리며 나풀 인사 치르고
밤에는 낮보다 더 빠른 속도로 자라지

매운 고추나무를 칭칭 감도는 바래기
해볼 테면 해봐라
오뚜기보다 더 탁월한 바래기

밤새 안녕이라 했던가
주인과 눈이 마주치면
인사는 나풀 ~ 착하게 잘 하면서도

뒤도 안 보고 줄행랑을 치며
어느새 밤이슬 밥 먹고 달리며
쑥쑥 자란다.

* 바래기 : 잡초의 이름/ 텃밭 일하며 잡초와의 전쟁을 치르며(2017년)-

입을 맞추다

천둥 치니 비는 오고
입술은 폭포수에 헹군다

솟아나는 육체의 힘은,
깊은 내 몸속을 타고

묘한 곳에 머물러
펄펄 끓는 송곳 심장이 된다

키다리 국가대표 배구 선수의
강 스파이크 같은 상상

번개처럼 돌고 돈 군침들은
이빨 지나 좁은 목구멍 속으로
줄 서서 녹아든다.

장동檣洞 마을*

산청군 금서면 주상 마을
옹기종기 모여 사는
조용한 장동 마을

장동, 새터, 범천, 강회
똥뫼, 세금정, 모양지

자혜리 산 15번지 땅
50정보나 잘 물려받은
경호강변 구상팔장 삼왕후, 장동 마을

인심 후하고 살기 좋은
부자 장동의 전국의 총생들이여

자자손손 여기를 지키고
소통, 화목하게 잘 살아야 한다.

* 장동 마을의 유래 : 구상팔장삼왕후란 지리풍수설(이여송을 따라온 왕용자) 연유하여 중국 등 사방각지에서 여러 성씨(라,김,임,성,송,정,) 등이 다투어 들어와 큰 마을을 이루고 살았다. 舟上은 '배 주' 자이니 배를 매기 위한 돛대의 터를 찾기 위함./아직까지 못 찾았다고 봄/
경남 산청군 금서면 주상마을의 별도 이름임.

정情

총, 칼보다도
더
무서운 것이다
정(情)이 심어지면,

그래서

수많은 파노라마
소용돌이가
일어난다.

정답

수상하고 무서운
침針 같은 세상에

상식된 정답은
수학적인 삶이고,

똑바른 착한 정답은
오버 없는 호흡인데

박힘이 없는 매달린 물방울같이
반듯하게 소통하는 사랑은

생각을 가진 뭇 사람들의
당당함의 인격이다.

정유재란 이순신의 간보기

– 2017년은 정유년

1597년 1월 14일(선조 30년), 지금부터 420년 전에

도요토미 히데요시 일본 정권이 임진왜란의 정전 회담이 결렬되자,

다시 조선침략을 하기 위해 1597. 1. 14. 선발대를 부산의 다대포 앞바다에 상륙시키므로서 정유재란이 발생하다.

이순신 장군은 임진왜란 후 통제사 직에서 정적政敵들에 의해서

끌어내려졌고,

백의종군하고 있었다.

원균 장군이 이끈 〈칠천량 해전〉에서 일본 왜군에 대패를 당한다. -

그해 9월 16일 〈명량해전〉이 벌어지는데, 수세에 몰린 조선 선조임금은

이순신 장군을 침투시켜 12척의 남은 배로 333척의 왜군을 물리치고 승전한

역사의 정유년 해이다.

자신을 버린 선조 임금에게 "신에게는 아직 12척의 배가 남아있습니다"

라는 유명한 어록을 남겨 오늘날의 영원히 칭송의 장군으로서,

국민들과 민족이 존경하는 인물이 되었듯이 -

훌륭한 지도자는 편향되지 않는,
국민만을 위한 균형감을 잃지 않는,
광화문광장이 기울지 않게
대한민국의 대통령이 선출, *선택되기를
간절히 기원해 본다.

2017년 1월16일 대통령선거를 앞둔 국민 바람의 글.

정치와 좋은 정치인

공명성, 공영성, 형평성
나와 다른 지역 사람 나와 다른 진영을 -
생각하는 사람 정치인, 생각하는 척 하는 사람 정치인,

나와 다른 사람은 어떻게 살고 있는가를
진정성으로 생각하는 정치인
이런 사람이 좋은 정치인, 시민 사회성이 많은 사람

인터넷, 편파 언론의 정치가
너무나 과도한 대한민국 -
여기서 벗어나는 정치인

도덕과 윤리가 완벽하게 성취된 국가는 없지만
상대 진영을, 나를 지지 안 했던 지역을
진솔하게 포용해주는 덕장 정치인은
과연 천연기념물인가, 없을 것인가 -

아, --
역사는 반복되고 슬픔도 돌고 도는구나
동방예의 백의민족은
호랑이 담배 필 적으로 위안 삼고 무너지고 말 것인가 -

좋은 사람 좋은 정치인
종합적 누룽지 같은 소통을 잘하는 정치인은
선택될 것인가 -

2017년 5월 9일 대통령 선거일에 /
담날 새벽에 대통령은 문재인 후보가 당선되었다.

정신문화 도구

글 쓰고
글 조립하고
말 만드는 문인文人과 시詩

보통 지능 삶의
정신문화의 앞접시이고
마우스 문화의 의자이다

잘 보이지 않는 바다 깊숙이
이렇게 저렇게 벌렁 널려 있는
詩人과 詩를 -

동해 남해 서해로
압록강까지 올라가서
낚시하듯이 월척을 건져 올리자

때로는 사방팔방이 캄캄할 때도
詩 한 구절의 글과, 말은

무너진 터널 속에서
갑갑한 마음을 확 ! 뚫어줄

말끔히 청소도 해주는 詩
그 도구, 아침밥 먹듯이.

좋다는 것은

첫눈에 결정되는 것이
보통적
뇌의 구조인데

그러나

생각을 10초 이상
오래, 깊게 해서
낸 결론은

삶의 도구
안전한
처세술일 뿐이다.

주유소 한결

둔철산 뒷 빽으로 점지된
칼칼한 운영이 송곳 같다
2번씩이나 경매된 서러운 주유소
3번 타자로 젊어진 울산 큰애기

죽어라 살려보자
얇고 차가운 쟁반 위에
엉덩이 붙이는 심정으로

이빨이 목구멍으로 넘어가는 고통도
불지르며 태우고 살았다.

터널 같은 고가 도로 지나가니
주유소 지붕은 하늘이 두 동강이다
보통 사람 눈에는 "고마 안 된다" 주유소다

꾹 삼킨 자존심은
타짜 男과 갈라서서 뿌리친 흙의 삶
고통을 사수한 17년 세월이다

운명으로 자청한 한결같은 주유기에

존심은 잘근잘근 밟아서 뭉쳐두고
웃음풍선, 긍정풍선, 애드벌룬 띄워 놓았고

하늘 한 번, 주유기 한 번, 번갈아 보며
흥얼흥얼 노래하며 꽃 장단 파안대소,
차곡차곡 쌓은 M 하우스는 부풀대로 부풀었지

60갑자 70갑자 넘나들며 마지막 앉을 자리
노후 설계 파안대소 줄서서 다 깔아 두었으니
미래, 한결 자와 그 누가 같이 할지
궁금해서 부럽고, 불룩불룩 행복하여라.

지리산 둘레길 5코스

먹고살 만한 한국 세상 -
천연기념물처럼 만들어진 등산로路
둘레길 산하가 길[路] 천하를 만들었다

지리산 둘레길 5코스는
함양군 휴천면 동강 마을에서 출발
산청군 금서면 방곡 마을 추모공원에서 시작

1951년 2월 7일 지리산 기슭에서 우리 군인들이
총질 학살한 사건 기록영화도 볼 수 있는
〈산청 함양 사건 추모공원〉이 공손히 무료 파킹을 도우미

쌍재 마을, 고동재, 가현 마을, 오봉 마을의 새소리
수철 마을로 이어지는 5코스 시작이고
고라니 멧돼지 활짝 벌린 하늘의 길이다.

지리산 둘레길 5코스 중간지점에
사랑하는 남녀의 애절한 스토리가 얽힌 상사폭포,
인터넷 검색꾼들을 설레게 한다.
사랑하는 사람과 흠뻑 취해 경험해 보시라

길은 걸어야 건강한 삶으로 이어지고
하늘 같은 생각은 山 냄새를 마셔
창창 팡팡 행복해질 것이다.

지리산 둘레길 9개 코스 중 최고의 인기
입을 크게 벌린 山, 5코스는
한국인의 건강한 육체이고 재산인 것을.

주상리 463-16번지

– 민준서 孫에게

대대로 이어지는
민문閔門 가家이다

여기를 들어서면
땅이 되고 기둥이 된다
장자 장손 항렬, 가문 코뚜래
혁, 치, 호, 영, 식, 병, 기, 경, 홍
(민문 항렬)

중혁重赫, 치상致相, 수호壽鎬,
영주泳儔, 준서埈序=(식), 족보이니

누리 사방팔방의 비판 소리도
청聽할 줄 아는,
정인正人이 되어야 한다

그런 사람으로
그런 사랑으로
그런 책임감으로

여기를 정중히 들어 서야한다.

경남 산청군 금서면 주상리 463-16번지 5대로 물려오는 집이다.
민준서(2012년 1.2일생) 손자에게.

지리산 망개나무

잎 피고 꽃이 피고
초록 열매가 빨간 열매로 달리고
넝쿨처럼 자라서 가시도 나고

넝쿨 흉내 내는 망개나무 -
잎, 열매, 가시는
삶의 여정 희로애락 같아

열기 시작하는 파란 망개 열매 맛은
탱탱한 만큼 씨익~ 싸아하고

빨갛게 익은 가을 열매는
지나온 세월만큼
물렁, 덤덤, 달달하구나

수줍게 붙은 망개잎은
한 번도 만져보지 않은 혓바닥

우리네 삶 -
신물, 단물이 산속 망개 열매 같아
살아보니 이러하더라.

지리산智異山

– 천왕봉 1,916.77m

지구 태어날 때 화산이 모셔둔
세월이 불타서 뭉쳐놓은 봉우리 세상
삼신의 자연 중, 최고의 선물
지리산 천왕봉 1,916.77m 는

숲의 역사 같은 냄새로 뿜어내는
천연의 공기들과
반달곰이 놀고 있는 지리智異 숨소리

덕평봉, 세석, 노고단, 구름바다, 벽소령
하늘이 지펴 내려 선심 쓴 햇살들은
천년 주목 고사목에 안겨 뽐내며 놀고

통천문에 머리 숙여야 천왕을 볼 수 있으니
아, 천상천하 유아독존
천賤하게 오를 수도 없는,

수백조 원 힐링 가치의 산
빨간 자존심 하얀 겸손이 두 손잡은
성지 같은 자부심의 어머니

지리산智異山 천왕봉이다.

진정한 또 저항

일제하 치욕 36년을 생각해 본다
안중근, 민영환의
일본에 폭탄으로 죽음 저항하였다.

자기 목숨을 과감히 조국에 받친
애국자임에는 누구도 이의를 달 사람이 없다.

윤동주, 시인은 25세에
일본 감옥에서 -
"시詩"로 저항하여 악랄한 일본의 고문에
온몸이 피로 물든 후 옥사를,

진정한 저항이라고 후세의 우리들은
당연히 이야기하고 기억하며

무명 시인이었던 윤동주, 이육사
"시詩"로 저항했던 애국심을 재평가하고

역사는 기억하는 자者들에 의해서
새로이 기록되고 계승되어지니
이 시를 읽는
우리들은 옷깃을, 물이 가득한 눈을 또 문지른다.

2017년 3월 1일 KBS 1 TV에서 "시인(윤동주)의 독립운동" 2부작 방영을 보고.

질투가 크는 희망

태어날 때부터 차별은
당연히 있는 것이고
크고 작고 있고 없고…

가슴으로 심호흡하며
부러워하는 것은
질투의 출발이지만,

내공으로 침을 꾹 삼키며
두 주먹 불끈 쥐는
자신과의 전쟁은

질투에 대한 반성이 되고
희망의 꽃이 되고
성장의 씨앗이 되어

질투가 길을 찾으면
날개 단 민들레 홀씨로
날 수도 있음에.

처염 상정處染常淨

"더러운 곳에 있더라도
항상 깨끗함을 잃지 않는다"

진흙탕 속에서
피어나는 꽃
흙탕물에 더렵혀지지 않고

아름답고 화온하고
정직하게 피는 연꽃 -

정치인들,
도그 테이블 국회가
싸움박질 하면서도
법안을 통과 시키곤,

이 연꽃을
자랑삼아 이야기하노니
꽃을 희생시키는

정치인,
입이 흙탕물인가.

추석秋夕 풍경

가을은 황금들판이 터줏대감이고
산과 들과 하늘에는 감사하는 줄기가
빨랫줄 같이 나란히 출렁출렁 널려있다

조용하던 마을에는
하얀색 검은색 자동차들이
섬처럼 평화롭게 주차되고

이집 저집 골목 골목에는
아이들 소리가 왁자지껄 웃음 나르고
돌담장 너머에는 코스모스 향기가
쓰다듬고 넘나든다

“간만이다, 안녕하셔요”
소통의 인사하는 소리가
스레트 지붕 속이나 기왓장 지붕 속이나
성냥갑 같은 건물 속이나 다 같다

주상 마을은 마르지 않는 사랑으로 넘치고
돌 담장에 걸려있는 얼굴들, 윤기 흐르는
맛있는 단물 침샘이 솟아나는 석류알 같이

아리랑 노래 같은 흥겨움이 가득하다.

2016년 9월 15일(음 8월 15일) 추석 날.

친구, 소주로 반성

60갑자 돌아 넘으면
20년지기, 30년지기, 40년지기…

세월은
친구라는 울타리 삶의
추억 그림자를 묶어서
차곡차곡 쌓아 주었는데

하찮은 일로 수년이나
외면하며 지내기도 하였고,
좋아하면서도 속마음을 추잡하게 숨기면서
태연한 척도 하였지,

소주잔 기울이듯 예사로 있었지만
인생 레일의 낭떠러지를 앞에 두고
봄날 아지랑이 연상하듯 고해를 한다

세상 살아갈 여생에
묵은지 씨래기 된장맛 같은
반성된 情들이 도톰히 살아나니

가슴에서 주안상 차리고
기억들은 거꾸로 매달아 둔 채
시선을 소주 컵에 담구며
축축히 허벌나게 혼자서 마신다.

태블리 PC

J..,s.. 가 쓰레기장에서
선실이 태블리 PC를
공짜로 주웠으니 홍자를 만났지 -

시작은
토끼 닮은 땅덩이를 마구마구
흔들흔들 흔들었다
쫓아 냈다, 집어넣었다

태블리 PC가
검은 옷 칼 찬 데서 새끼를 낳아서
고구마 덩쿨이 되어
체꺼에서, 코꺼에서, 짱꺼 까지

참으로 세계적인 IT 국가답다
전자제품 태블리 PC가
새끼를 낳는 잉태 창조 기술이
세계적인 특허 기술감이다

전자 기술을 능가하는
토끼나라의 방송국이고, 검, 특,
국해자國害者 등등이다

30센티 양심은 언젠가는
아침 태양처럼 떠오를 수도 있겠지만
어차피 달성하였으니 오리무중

땅속에 묻힐 수도 있는 것이고
합의된 정품 주인은
100년 후에나 나타날 수가 있을까.

2016년 어느 날
이 시는 독자님의 생각 몫입니다.

태산목*

산청에는 지리산 천왕봉이 있고
시천, 삼장, 금서면面도 있다
지리산 몸통 속에는 입으로 먹는
께곰나무 열매, 고로쇠나무의 고리수가 있고
자작나무에서 거제수 물이 나오고

산청의 역사에는
유이태, 허준, 남명, 망경대비석 閔안부의
나라 사랑 역사의 인물도, 대원寺의 풍광도

금서面 속에는
질곡의 애환 구형왕능, 산청함양사건 추모공원이,
산청의 상징 한방단지도 있는데

이런 산청에서 -
나라를 걱정하는 주름진 애국자의
태산 같은 걱정도 있으니

입으로 말하면 좌, 우가
잘근잘근 쩝쩝 대나니
여기나 저기나 걱정하는 뜻은
같을 것이라 긍정 하면서,

내 마음을 정중히 표현하는
사시사철 푸르게 믿음직하게 우뚝 서 있는
"태산목" 나무

무궁화같이 목련같이 꽃 같은 열정으로
여기저기를 포용하는 지리산 속 산청에
조용한 나라 사랑, 태산 같은 가슴으로
"泰山木"을 심는다.

* 태산목 : 태극기와 촛불들이 엉켜 있는 숨 막히는 현실에 나라를 걱정한다. 상록교목으로 남부지역에 많이 자라며, 우직하고도 크게, 푸르게 목련꽃잎처럼 향기가 좋고 태산같이 큰 목련이라고 태산목이라고 하며 하얀 큰 꽃으로, 믿음이가는 듬직한 나무로 6~7월경에 큰 꽃이 하얗게 핀다.

태풍전야

태풍 '차바'가 오고 있다
오들오들 긴장감 속에
지금은 저 굵은 빗소리가
차라리 믿음직스럽다

아무리 머리를 짜내도
우 다닥… 오고 있는
저 빗소리를 표현할 수가 없는데

먼 바다 위의 바람 소리도
긴장하고 있는 땅 위의 숨소리도
고개 숙인 황금 들판 위의 기도 소리도
전혀 아니다

알 수도 없는 빗줄기들은
긴장하고 있는 땅에
그냥 인정 사정 없는 갑질소리 내며
꽂히는 무서운 소리다

차바*가 오기 전에 긴장하고 있는
온 국민의 바늘구멍 같은 마음에서
조용히 왔다가 지나가라는
간절한 생각의 소리로 들릴 뿐이다.

* 차바 : 2016년 10월 4일 태풍 차바18호.

제 5 부

흐르는 것

통일벼* 블랙리스트
- 이제는 말할 수 있다 -

허기져서 배고픔을
경험해 보지 않은 사람은
도저히 알 수가 없을 것이다

70, 80년대 초반
그 세월은 지금의 60대 이상은
운명으로 태어난 삶의 젖꼭지는 2, 30대 였다

채독의 쌀 모두 다 떨어질 5~6월 춘궁기에
먹을 것이, 입에 들어갈 것이라곤 하나도 없는
채독* 바닥이 드러나 있었으니……

인구는 기하급수적으로 늘어나고
나락 농사는 소출이 1마지기에 2섬이 한계점이니
턱없이 부족한 식량에 어찌 살 수가 있었단 말인가 -

아풀싸 -
하늘이 무너져도 살아날 묘수가 있었다
통일벼가 구세주였다

관서官署마다 통일벼 재배 상황실이 돌아가고
농민들은 젓가락질도 잘 안 되는 푸실푸실한 통일벼 밥을
싫어하였으니 정책이 어찌 순탄하였으랴,

구름처럼 늘어나는 인구들
땅덩이는 누워있는 그대로이고
소출량도 그대로이니 무슨 용빼는 재주가 있었으랴 -
5~6월에 하얗게 꽃이 피는 이팝나무를 보고
쌀 나무라 부르며 배고픔을 달래기도 하였던 70년대 그 시절

통일벼 ! ~ -
30% 이상 증수되는 통일벼가 대안이었다
강제동원 정책이 눈물겨운 통일벼 거부하는 농민 블랙리스트,
산림법 위반 조사하여 마을 구장* 통해 강추하였으니 -
통일벼 거부하는 농민 집 뒤안을 뒤져
땔감용 임산물채취 약점 잡아 산림법 위반 조사하여
산림 공무원까지 동원하여 정책 순응토록 하였던 그 시절
이제는 말할 수 있다.
보릿고개 없애는 오늘의 산업 역군이었다고 말이다

어둠속에서도 희망이 있었던 블랙리스트 그 시절
이 나라 오늘의 현재를 있게 한 과거사였다

이제 이 나라엔 남아도는 쌀
쌀 보관 창고가 넘쳐나고
보릿고개 배고픔의 용어는 완전히 사라졌다
목구멍이 포도청을 넘었다

세계 250여 나라중 12번째로 잘사는 나라

40년이 넘은 세월, 이제는 통일벼의 추억이
이 나라 식량 자급자족의 역사가 되었다
아들들이여, 손자 손녀들이여 -
지금의 유리 온실 새대들이여 ~~

통일벼 역사 -
소중한 식량역사로 정중 소중히 모셔 주기 바란다.

詩作노트:
2018년 1월 4일 오전, 산청군 금서면 방곡리 소재 공개바위 다녀오면서 경북 영일군 동해면 면사무소 근무중 이 통일벼 독려스트레스 등의 독려에 못이겨 사직을 결심케 되었다는, 당시 공무원(김모 사진작가, 부산거주)과 추억담을 나누면서.

* 통일벼 : 1970년부터 7년간 식량 자급자족 위한 대통령의 지시로 〈허문회 교수〉팀은 7년간 연구 끝에 1977년 면적당 세계최고의 생산량을 기록한 녹색혁명, 보릿고개 없애고, 식량 자급자족을 이룩한 역사적 벼 품종임.
* 채독 : 식량을 담는 장독 그릇.
* 구장 : 지금의 마을 이장.

경상남도 지정 보물, 〈공개바위〉, 경남 산청군 금서면 방곡리 뒷산, 한국 피사의 탑으로 불림.

할미꽃

새봄이 태어나면 할미꽃이 올라와
시작부터 고개 숙이며
숨은 듯 피는 꼬부랑 할미꽃

몸통 줄기는 은은한 솜털이지만
노란 꽃술 샛빨간 꽃잎은
40대 같은 열정적 청춘의 힘 같아

고개 숙이고 자기 발등만 쳐다보며
만족해 하는 할미꽃,
우리네 할멈들은
저렇게 살다가 가시나보다

인생을 배우고, 겸손을 배우고
의미를 생각하며, 외롭게 피어 있는
할미꽃,
무엇을 생각하였소!

하늘과 손

"하늘을 우러러 한 점 부끄럽지 않다"
"사실이 아니면 손에 장을 지지겠다"

하늘처럼 깨끗하고
손처럼 정직한
하늘이 되고 손발이 되어
폼 잡으며 엄숙하다

경찰서도 검찰청도 모르는데

봄날은 아지랑이 붙잡는 놀이로
여름날은 래프팅 놀이로
가을날은 단풍 놀이로
겨울날은 얼음놀이나 하는 손,

손 끝에 대롱대롱한
정직함을 고가에 구입해서
보살피고 싶은 겸손으로 점찍어
봉사놀이 하는 그런 세상은

천진난만하게
세상물정 다 까먹은
어머니 뱃속 같은
신생아들뿐인가.

하늘과 태양에게

하늘이라는 이름을 가지고
근무 중인 넌, 휴가와 출장과 외출을
번갈아 가며 내려오는구나

1인 지하 지구상의
사람과 동물과 식물들의
삶을 보장해야 하는 의무와
역할에 충실해야 함에도,

때로는 39.5도 폭서로
때로는 200 미리 폭우로
때로는 영하 25도를
때로는 1,300밀리바 태풍으로

지독한 심술과 분노 조절 장애로
어마 어마한 피해를 입히고
사라지고 숨는가

앞으로는, 살아가는데
필요한 만큼의 햇빛과 비와
추위와 바람만 갖고 오거라

장기 출장은 싫으니
정상적인 외출만 나왔다가
밤에는 조용히 귀사歸社하는

자연법칙의 본래 날씨 임무의 세상에
상생을 위하여 지금 계약한 대로
착한 역할을 간곡히 엄중히
하명하노라…

2016년 7,8월 39.5도의 살인적 더위를 보내며….

하소연

힘없고 배경 없고
없는 것이 있는 것보다
무한대로 더 많은 사람이
바둥바둥해도 거기까지뿐

지구가 둥글고 세상이 변하고
나라도 부자라고 하는데
두 발로 진땀 내며 뛰어도
남은 거는 입 하나뿐,

한 입으로 읍소하고
열 가지 마음으로 엎드려
하소연하며 콩닥거린다

내편인가 저편인가
관찰하고 선별해서
수십 가지 뒤척거려 본 후
룰 갖다대어 푸른 집 같은 하얀 대답

언제나 하소연은
개미와 황소의 목소리일 뿐이고

오히려 이런 거라면
게임이 옳은 나라답지만

코앞에 요즘은,
"아나 무인, 대로 남불",
갑 같은 그대여
왼쪽 두 가슴에 손 얹으시오.

2018년 4월 10일, 채용 갑질 비리를 보고.

함양 상림숲에 달린 그네

1100년 전 유일한 인공 조림
서나무 군群들, 최치원 상림공원 숲
천연기념물 154호

천년의 지리산 공기와
천생의 가을 낙엽 세상인데도

임금님이 흘릴 눈물
그네나 타며 황홀한 그 기분만큼
거침없이 눈에 물을 머금다 -

나라가 풍전등화 같은데
숲에 매달린 그네나 타며
희희낙락할 수야 없지만,

상림숲에 대롱대롱 매달린
그네야 그네야 그네야…
울지 말고 힘차게 생각하며
더 높이 더 깊이 반성하거라

광화 세상의 울퉁불퉁한 촛불들도
삭막한 아스발트 위의 태극기들도
반드시 꺼지고 사라질 것이다

부서지지 않도록 영글어서 살아라

꿋꿋한 바람이 되거라

역사라는 뼈들은 간단한 것은 아닐 것이리.

2016년 12월 21일.
대통령의 탄핵 중에, (탄핵 후에) 공정보도의 형평성 비판에 서 있는, 신문 방송들은 온통 이런저런 이념, 지지하고 안 지지하고를 떠나, 국민이 뽑은 한 인간에 대한 인격살인을 능가할 정도였는지, 다른 대통령들에게는 어떠했는지, 인격살인 아니였는지, 기록들이 증거로 남아있으니 후세에서도 역사는 역지사지로, 이념을 떠나, 그네가 반성한 결과는 후세가 … 독자님들의 판단 몫입니다.

행복한 그리움

적막함에 뒤돌아보니
사방팔방은 어둠 속이다

등대 같은 한 줄기 빛이
가슴속으로 들어와

그리움과 함께 다가오는
그 안경이 있었구나

당당히 줄 서서 섞여있는
바다 수평선 위에

보일 듯 말 듯한
고무풍선 꼬리 같은

가슴에, 마음에, 끌려와
짱짱한 몸을 45도 굽혀
눈[目]앞으로 줄 세워 인사를 한다.

행복함은 하나만 가져라

이루고 싶은 것을
다 이루었다고
행복한 것은 아니다

행복함은,

이루고 싶은 것을
이룬 과정의 수단
세상 최고의 성취 맛

바로 너와 나
우리의
행복함인 것이고

이루고 나면
또 다른 수많은

이루고 싶은 것이
줄줄이 생기니 그렇다.

험담 복수

나에 대한 험담을 들었다,
제3자로부터…
기분이 쿵꽝 붉어져
복수심이 안 나면 사람도 아니지,

잠시 눈을 감아야
큰 호흡이 나와
얼마 후 그 사람을 만났다

"내가 없는데서 나를 그렇게 많이
칭찬해 주어서 정말 고마웠어"
두 손을 잡으며 말했지
그 사람 얼굴이 하얗게 되면서…

이렇게 쿨 수준으로
복수를 하였으니,

파릇한 봄이 되고
시원 쿨한 여름이 되고
체온처럼 따스한 가을, 겨울이 되어
화합, 소통, 진화하는 맑은 날들이 기다리고

세상도 지구도 둥글둥글하니
은은하고 참 좋은 무궁화 꽃 아래
스마일smile 세상으로 같이 걸어가야.

말로, 비판함도 칭찬도 험담도 많은 세상이니 이 글로 한 단계 업 되소서.

혜택 폭탄

대한민국 정책 아래 세상은
당연히 공정하지가 않다
단지 공정하려고 노력하는 척할 뿐이다.

만사가 다 공정하면
자본주의 자유 민주주의가 아니겠지만
그러나, 민주주의는 "상식" 인데 -

특정 지역 「혜택 폭탄」 불공정
누가 주동해서 법으로 만들었는가 -
상식의 게임룰 완전히 불공정한데도
자랑하며 존경받아야 할 특정 국가유공자

오히려 명단 리스트 공개를 거부해도
막강 정치들은 입을 닫고 있다
정치인 자기들, 자기들 편만
싹쓸이 혜택을 가지려고

자자손손 어마어마한 혜택을
법적으로 가져가 버린 지금의 이 나라 -
(모 외국의 언론이 이런 지적을 했다고 한다)

특정 지역, 특정 사건들만 「혜택 폭탄」
어지러운 불공정 기울진 운동장이다.
코 골듯 뒤뚱 거리며 굴러가고 있다
특정 정치들에 의한 -

평범한 백성들 열심 공부해도
특혜 받은 수천 명 후손들이 국가시험에
가산점 5~10점 들고 시험장 들어가니
아무리 공부해도 무용지물이 아닌가
평등하라는 헌법도 있는데,

특정 지역 「혜택 폭탄」에 스스로가 죽는
무덤의 유산이 될 수도 있을 것이다
상식의 도를 넘은 욕심 때문에…

흐르는 것

생각이 머물고
마음이 머물고
그리움이 머물면

하늘의 구름 한 조각이
들판 끝의 가물한 점선들이
바람 속 함성이 되어 모두 흐른다

그대, 어디에 있는가 -

바삭거리는 밤, 뒤척이는 소리에도
가슴이 놀라고, 마음이 놀라고
심장이 출렁인다

너와 내가 멀리 있지 않고
가장 가까이에서 호흡하는
물소리만큼의 거리인데도

그리움이 흐른 만큼
잔득한 파랗고 빨간
사랑이 그립다.

호흡이 사랑할 때

대화할 때는 모르고
걸어갈 때도 모르고
잠잘 때도 모르지

숨 쉬고 호흡하고
있음을…

사랑할 땐
더욱더 아름다운 숨소리
동업 삼으려는가

불룩한 숨소리
법칙 같은 소리
소곤소곤하는
그 소리.

공허한 다짐

오늘도
쓰고 싶습니다
보고 싶어, 말하고 싶어
우울해집니다

어제도
그랬었는데 -

내일부터는
꼭, 안 그러려고
다짐합니다

그런데 그저께도 똑같은
마음으로
다짐한 것 같습니다

독특한 글을 쓰는
핸디캡입니다.

제 6 부

지리산 빈 들판

– 산청, 함양, 거창 사건 –

견벽청야堅壁淸野

지리산 기슭 산청, 함양, 거창 지역에서
1951년 2월 7일~11일 국군 11사단장 최덕신이 명령한
견벽청야, 북한군과 빨치산을 소탕키 위한 군사작전이었으나
결국에는 건군 이래 군사 학살 작전의 악명이었다.
(맥아더 장군의 인천상륙 작전 중 지리산에 잠입한 북한군 소탕 목적)

견벽청야 작전은 지리산 기슭에서 흙 파고 농사지으며 살아온
아무 죄 없는 농민들이 아침 이슬만도 못했구나 -
잡으라는 북한 적군은 못 잡고, 묻지마 학살하고 불질러 삶의
터전을 없애는
11사단 9연대 3대대 군인들이 무저항 양민을 정조준 학살하다니,

산청 함양의 4개 마을에서 705명을
거창군 신원면 일대 3개 마을에서 719명 등 1,400여 명을
이유 불문하고 즉결 학살한 산청 함양 거창학살은
하늘이 땅을 덮치는 비명 천지 참상이었다

1951년 3월 29일 제54차 국회 본회의에서 거창 지역
고 신중목 의원의 폭로로
세상에 알려지고 2대 국회가 조사를 하게 되었으니,
(당시 영국의 런던 타임스 기자는 신중목 의원의 국회폭로를 듣고,
"대한민국에서 민주주의를 찾으려면 쓰레기통에서 장미꽃을 찾는 격"
이라고 기사를 송고하다)

경남 경북 계엄 고등군법회의에서 무기징역, 징역 10년, 3년을
언도한 강영훈 군사 재판장, 이 군인들을 형집행정지로 석방시켜
아무 죄의식 없이 호의호식하게 한 고 이승만 대통령, 산청 지역
국회의원으로서 폭로를 유기한 산청 출신의 고 이 모 국회의원,
후일 월북해서 김일성 밑에서 호의 호식한 최덕신 11사단장 부부

아무 죄없이 죽음을 당한 1,400여 명의 영령들과 가족들에게
대한민국 민주주의 인권역사에 이들은
영원히 저항받고, 심판받고 있음을 똑똑히 알아야 할 것이다.
66년이 지난 지금에도 총질을 실행한 軍人들 중 단 한 사람도
양심고백자가 없다

목숨 걸어두고 국회에서 사건을 폭로한 고 신중목 의원 같은
훌륭한 정치인은 역사에 길이길이 존경받고 있다.

대한민국은 민주주의 인권 법치 국가라고 하지만,
나 몰라라 하고 이 핑계 저 핑계로 눈 돌리고 있는
지금의 정치인들, 법과 인권의 형평성은 교과서에서나 존재함을
나라를 이끌고 있는 정치인들 지식인들이여 알고나 있는지
두 눈을 향해 가슴으로 묻는다.

국가가 돈이 많이 드니, 인권 팔리지 말라고 하는
기고만장한 일부 관리나 정치인들 -

아 ~ 민주주의는, 무지개 같은 빛을 그 빛을 순간 포착 잘하는
사람만이 만끽하는 민주주의 로또이구나,
대한 하늘 아래 살아가는 우리들은
처處한 위치에 따라 개미와 황소 차이만큼
공정한 민주주의와는
거리가 멀구나.

눈 닦고 오는 추모공원 햇살

아침이 밝으면 반가워 손 흔들고
캄캄한 밤이 오면
눈 감고 여기저기 기대서 지내는데

문 여는 시간이면 눈 크게 닦고
21 미터 원혼소생 위령탑 위에서
새처럼 앉아 있다가

위패봉안각 안으로 들어와
거짓 없는 햇살을 붙잡고
사진도 없는 자기 이름 위에

억울함 호소의 편지를 권력자들께
보낼 것인지 말 것인지
용기 충전키 위해 조용히 앉는구나

사필한 사건의 역사를 좀 아는
어느 이름 모를 참배객의
위로와 재배再拜를 받으며.

동서화합東西和合

산청 함양 거창 지역에서는
대한민국의 민주주의는 쓰레기통에 비유되는
국군의 양민 학살 대사건이 일어났다

2대 국회 신중목 의원이 거창 지역에서
군인들에 의한 양민학살의 국회 폭로 발언을 듣고는
영국 런던타임스 외신 기자의 보도가 전 세계를 집중시켰다

1980년 5월 18일 광주에서 국군에 의한
민간인 학살 사건이 또 일어났지만.
그 사건 이후 ……

대한민국의 민주주의가 쓰레기통에서
총알의 화약이 다 몰수되고
29년 만에 장미꽃을 피웠다.

정치의 봄이 왔다고
언론들이 특필하였지만,

지역감정의 원천 지역인 영남과 호남 -
정치인들의 단골 화두는,
〈동서화합〉을 외치고, 약속하면 귀가 쫑긋하였지

경남 거제 지역 출신으로 故 김 대통령이 당선되었고
호남 지역에서 억울하게 군인들에게 죽음을 당한
〈광주사건〉을, 〈광주 민주화 운동〉으로 선언하고
관련 정책들을 실천하였다
동서화합이라는 자부심으로,

다음은 전남 목포 지역 출신인 故 김 대통령이 당선되었고
인권, 평화의 공로로 노벨 평화상까지 수상하였다

산청 함양 거창 사건 유족들은 이심전심으로
당연히 동서화합 차원의 영남 지역에서 일어난
민주주의가 쓰레기통이 되었던, 전대미문의 국군의 학살 사건을,
동서화합의 명분과 인권 우상의 호남지역 출신 대통령으로서
관련 정책으로 장미꽃이 필 것으로 기대하였으나

권위주의를 쓰레기로 버린 故 노무현 대통령도,
청계천 물의 신화를 이룬 이 대통령도, 또 박 대통령도,
대통령 한 번 한 자랑은 하늘이었지만 외면하고 거부하였으니

여야 합의로 국민의 대표인 국회에서
2번씩이나 합의 통과된 산청 함양 거창사건은
법의 형평성, 사건의 형평성, 지역의 형평성이 차별받고,

1980년부터~2018년, 38년이 지난 지금까지
수많은 지식인들과 정치인들과 나라를 이끌고 있는 사람들은,
〈동서화합〉 〈협치〉를 아침밥 먹듯이 외치고 있지만,

어떤 정책이 진정성 있는
동서화합이었고, 국민화합이었는지?
진정성 있는 사실을 대답해 보라 !
가슴에 소중한 오른손을 얹고,

억울하게 가족을 통째로 잃은 지리산의 눈물, 영령들,
산청 함양 거창 사건 유족들에게…

방곡리 추모공원

긴 끄나풀이 말이 되어
세월이 역사인 줄 알고
두 눈을 혹사시켜
부들부들 뒤적거려 보았다

사람이 역사라 못 생긴 기억들을
둘둘 감아 잔디밭 광장에서
핸드 마이크로 열정 목소리 울리니
역사교육관 둘러보러온
젊은 학생 방문객은,

역사를 정조준 하여 묻고
몰랐던 전쟁 이야기에 -
눈에 물이 가득한 추모공원을
거꾸로 뒤집어 놓고는

억울한 공기에 젖어있는 원혼들은
기울어진 인권 형평성에 잘근잘근 씹혀서

비틀거리다 드러눕고,
마음을 찌르고
위령탑을 스치며 지나간다.

위령탑의 눈물

지리산을, 왕산을
바라보는 저 위령탑

가현 마을 총소리 슬퍼요
방곡 마을 총소리 슬퍼요
점촌 마을 총소리 슬퍼요
서주 마을 총소리 슬퍼요

1951년 2월 7일은 똑똑히 기억합니다
양민을 죽이고 빈 들판 만드는
"견벽청야" 작전의 학살 집행자들

국군 11사단 9연대 3대대는 똑똑히 기억해요
11사단장 월북한 최덕신 똑똑히 기억해요
9연대장 오익경 악랄함 똑똑히 기억해요
3대대장 한동석 똑똑히 기억해요
악랄한 김종원 대령 정확히 기억해요

45년 지난 후에 유족들이 소리 소리
바락바락 지른 유족회에 항복한
1996년 1월 6일 김 대통령이
명예회복 특별법 공포 당연히 기억해요

고 노 대통령 탄핵 때 16대 국회가
여야 합의로 보상특별법 국회통과
똑똑히 기억해요
고건 대통령 권한대행의 거부권 행사로
영령들 두 번 죽인 것 똑똑히 기억해요

고 김영삼 대통령은 광주사건을
"광주 민주화 운동"으로
호남의 눈물을 과감히 닦아 주었는데도 -

고 김 대통령은 인권운동 잘했다고
노벨평화상까지 받으시고는,
목숨인권 학살된 산청 함양 거창 사건은
외면하며 외쳐댄 영, 호남 화해 허상 -
그 노벨상 역사 똑똑히 기억해요

밤마다 슬피우는 가현, 방곡, 점촌, 서주
학살현장 바라보며 더욱 슬피우는
추모공원 저 "원혼소생위령탑"
언제까지 슬피 울어야만 하나요

해마다 11월이면 여기 위령탑 앞에서
정부를 대표해서 과거사 지원 단장이

국회를 대표해서 국회의원이
경상남도를 대표해서 부지사가
도, 군 의회를 대표해서 지방 의원이

산청군을 대표해서 산청 군수가
함양군을 대표해서 함양 군수가
산청, 함양군 기관을 대표해서 각 기관장님이

조용히 엄숙히 머리 숙이고 역사의 비극을
고해성사하는 합동 위령 추모행사 -
돌고 도는 고마운 인사말씀들 슬프고 슬퍼요

1951년 정월 초 이틀날 무차별로 쏴댄
그 총소리가 아직도 통곡의 함성으로
영혼을 괴롭히고 있습니다.

서서 있기가 힘들고도 슬퍼요
언제까지 이렇게 슬퍼해야만 하나요
힘없고 약하다고 차별만 합니까
말 좀 해 보셔요

양심 있는 두 손 가슴에 얹고,
고요히 조용히 ~
편히 잠들게 하여 주시옵소서…

유족회

억울하게 돌아가신 閔중혁 할배가
"넌, 억울한 내 죽음에 대한
 캐내서 명예회복 시켜주고
 유족들도 지리산 빨갱이가 아니었다는 것을
 반드시 반드시…"

이승만의 국군
11사단장 최덕신, 9연대장 오익경, 3대대장 한동석
악랄하게 정조준 총질한 1951년 2월 7일 군인들,

억울함을 바로잡는 이 일을 해야 한다고,
1살 먹은 손자는 살았으니
사명을 갖고 태어난 선덕업善德業으로 삼은 「상우」
젊음의 열정과 모든 에너지를
밤, 낮, 새벽 구분 없이 쏟아 부은 20여 년 열정의 세월들 -

가정 경제도 등시等始 하면서
2018년 3월 오늘까지였다…
솔선 봉사하여 권력 가진 정치인 대작님들에게
밤낮없이 컴으로, 홈페이지 등으로 문필로 악 쓰고
시위하였으니…

이제는 산청 함양 사건, 그리고 사단법인 유족회
S,O,P도 많이 많이 정립되었으니 셧! 마우스 할까
지긋이 눈을 감고 명상을 하고 싶다.
모두들, 간접지식으로 똑똑해졌으니까 말이다.

말이 없는 386위 저 위패 봉안각
억울한, 해서 말이 없는 영령님들은
충분히 훤히 다 알고 있을 테니까 말이다 -

2018년 3월 1일.

이게 역사인가

수백조 원의 가치를 지닌 지리산
智異山 하면 어떤 것들이 생각나는가?

역사를 아는 보통 사람들은
반달곰, 청정, 풍광 천왕봉 정상, 빨치산, 공비, 통비, 억울
등등…
귀하고 좋고 나쁘고, 같이 존재한다

우리 군인들이 아무 죄 없는 국민을
무자비하게 묻지마 총질하여
사람 목숨 + 모든 것을 없애
〈빈 들판〉 만들어 국민 1,400 여명을 학살한
1951년 2월 7일~11일 견벽청야 작전명령을,

작명5호 투하를 내린 이승만 대통령 아래
신모 국방장관
최덕신 11 사단장
이 공직자 관리들은 천인공로 할
장본인들이다

부하들은 1951년 12월 16일 게엄 軍法에서

무기 징역,징역 10년, 징역 3년을
가볍게 언도하였음에도 10개월 후
다 풀어주어 복직시켜 호의호식케 하였고

67년이 지난 戊戌年 지금도
아무 제재 없이 팡팡하게 존재하고 있으니
이 핑계 저 핑계로 못 주겠다고
궁시렁궁시렁하고 있으니

이게 -역사인가, 나라인가, 정의인가, 형평성인가 -
1996년~2018년, 〈특별법 공포〉하여
반쪽짜리로 인정해 놓고는
지금도 억울한 지리산 아래 국민들은
눈물로 가슴으로 인권으로
숨 삼키며 묻고 있다.

2018. 5. 1.

지리산 빈 들판

사람의 목숨과 인권은
하늘 같은 가치이다
국가 권력은 국민을 생명 앞에서
존엄으로 지켜야 할 것이며,

다시는 영구히, 대한민국에서
공권력의 이름으로

견벽청야堅壁淸野* 작전 같은
빈 들판 만들어 사람을
청소하듯이 싹쓸이,

묻지마 학살虐殺하라는
작전 명령, 이런 천인공노할 일은
없어야 할 것이다.

무섭고 억울해서, 훌쩍이고 밀리며
분忿 삭이며 살아가고 있는
산청 함양 거창사건 1,517가족,

억울 희생자 934명은
지금도 독[石]자갈 된 빈 땅에서

시효 울타리에 갇혀서

울퉁불퉁 누워만 있다.

〈원혼소생 위령탑〉

* 견벽청야 : 모든 것을 없애 〈빈 들판〉을 만들라는 군사 작전 명령, 산청, 함양, 거창 사건에서 1951년 2월 7일~11일, 국군11사단 9연대 3대대의 양민학살 작명 5호 명칭. 이 당시 대통령 이승만, 국방 신성모, 사단장 최덕신(후일월북)/9연대장 오익경(무기징역), 3대대장 한동석(10년)

추모 공원에는

산청 함양 사건 추모공원
산청군 금서면 화계 오봉로 530번길
여기에 들어서면

웅장한 일주문이 정문에
65개의 돌계단을 오르면
21미터 원혼소생 위령탑, 부조벽이 웅장하고

복예관(명예를 회복 하였다는 뜻)이
사건 당시의 참상의 교육 전시실이
기록영화 상영실이 2층에 있고

118계단을 다 오르면 위패 봉안각이 맨 위쪽
높은 곳에 떡하니 자리하고
2만 5천 평의 공원을 지킨다.
386기 영령들의 명패와 평 잔디 묘가 있고
연고자가 없어 더 억울한
319 영령들의 남녀 합동묘지가.

추모공원을 관리하는
추모공원 관리 사업소가 있고
안내소 해설소가 있고 유족회 사무소가 있다.

지리산 제5코스, 상사폭포가 있는 둘레길은
산청 함양 사건 추모공원에
무료로 파킹을 하고 지리산에 갈 수 있고

705위 영령들은
잘 다녀오시라는 지리산의 원령原靈님들은,
말없이 조건 없이 오라고 환영하지.

추모공원 까마귀 드론

꽉꽉꽉꽉.. 산청함양사건 추모공원에서
66년 된 높다란 소나무 위에 앉아 살피며
구슬프게 울어댄다

맹목적으로 울어대는 것은 아닐 것이다
21미터 원혼 소생 위령탑 꼭대기서도
꽉꽉꽉꽉.. 울고 있다
무슨 메세지로 우는지 알고 있지
매일매일 30여 분간 꽉꽉꽉꽉.. 울어댄다.

억울하게 학살된 1살에서 70세까지의
386위 원혼들 묘지 위에서 슬피 울며
산청 함양 사건 추모공원을
매일 매일 드론처럼 날아다니는 까마귀,

유족들과 영령들을 대변해서
대한민국 정치인들을 향해서

왜, 목숨인권 외면하느냐 하며 울고,
"노벨 인권상 받은 대통령도 있는데
왜 무심한가" 하며,
꾸짖으며 꽉꽉꽉꽉.. 운다

국군 11사단 9연대 3대대 국군이
잔인무도하게 앗아간 목숨인권은
인권도 아닌가 호통치며 꽉꽉꽉꽉.. 운다

대한민국 심장부 청와대
대한민국 민의의 전당 국회는
저, 꽉꽉꽉꽉.. 까마귀 울음소리에 귀 기울이라

지리산 기슭 산청 함양 거창 사건 양민 희생자들
대한민국 국군의 정조준 총살에 죽은 영령들은
흙 파며 농사짓던 땅 위에 억울해서도 살아 있다

경지정리된 논들처럼 반듯하게 정리될 때까지
꽉꽉꽉꽉.. 울어댈 것 같다.

캐내는 일과 고독함

45년도 넘은 산청함양 사건
캐내는 일 시작하다
새벽까지 국회 홈으로
국회의원 수십 명 홈으로
뒤적거리니 눈이 아팠고

인터넷 뒤적거리는 실력이 딸리니
압축 압축으로 묶어 저장된,
난해한 4대국회 회의록 등

이럴 때면 어김없이
대학생 아들! 아들!하며..
깨워서 물어보고 또 물어본다.

대학생 아들은 자다 말고 눈비비고
시큰둥 하면서도 가르쳐준다
매일 새벽이면 반복되었으니,

친구들은, 가족들은
"수신제가도 안 하면서 유족회 일을"
"가정경제도 팽개치고 소홀히 하면서…"

유족회 일에 너무나 올인한다고
불평, 불만, 불신의 눈초리가 하늘을 찌르고
해운대 50평 아파트 거실 바닥에 항상
추모공원 건설 도면 어지럽게 늘려 있었으니,
이렇게 해서 캐내는 중요한 성과는 거두었다

위령탑도, 일주문도, 영상실도, 유족회 사무실도
아예 설계조차 없이 맹탕 거창의 부속추모공원으로
처음 설계가 되어 있었으니…

억울하게 학살당한 민중혁 할배와 386위 영령님들
제발 좀 "네 할배는 통비분자도
아니고 농사만 짓고 산 죄밖에 없다고"
큰소리 호소하는 환청의 트라우마 같은 것, 어쩌랴!

억울한 죽음, 양민들의 명예회복은 지금까지는
반 토막만 인정되고 있으니 분통하다
지리산 방곡리 하늘 위에
위령탑 (부활의 빛) 맴돌고 있으니…

추모공원 조성도
명예회복 특별법도
국회로, 정부청사로

동아일보사 바닥에 신문지 깔고 앉아
"마이크로 필름" 돌리는 협조받아
눈 부릅뜨고,
1950년대 신문 기사 찾고 또 찾아내고……

악 쓰고 투쟁하며 비폭력으로
단체행동으로 이루어진
저 산청 함양 사건 추모공원이 아닌가

여기까지에는
나도 너도 모두가 우리의 노력,
산청 함양 사건 양민 희생자
지역민과 유족회와 지금의 임원들이 아닌가

팽개친다고
부담스런 시린 눈초리도 수없이 받아 왔지만
아무도 잘 모른다 세월 지난 지금에는…

조용한 푸른 잔디밭 조경수도 없는 저 추모공원
(그 당시의 산청군 모 부군수와 도면 놓고 항의, 핏대 세우고,
조경 면허 없는 남해종합건설이 시공자로,
필자의 예상대로 조경 예산을 토목공사로
변경해서 저렇게 되었다)

못 살아도 좋으니, 어림없다 아서라
뿌리친 지금 세월들…
아, 억울하게 돌아가신 386명 영령님들이시여!
이제는 추모공원에서 편안히 잠 드소서…

임들의 남은 반토막 명예회복은
될 때까지 투쟁 할 것이다. 이 시인은…

2018년 11월 2일 합동 위령추모식을 앞두고.

마음

멀리 있어도
마음이 있으면
가까운 사람이고,

가까이 있어도
마음이 없으면
먼 사람이니 --

사람 사이는
거리가 아니고
마음이다

상식인 것도 몰랐으면서
거들먹거리지 말고
마음한테 겸손하세나.

민수호 제2시집

지리산 빈 들판

인쇄: 2018년 6월 10일
발행: 2018년 6월 15일

지은이: 민수호
펴낸이: 최경식
펴낸곳: 도서출판 청옥문학사
인쇄처: 세종문화사

출판등록 제10-11-05호
E-mail: sik620@hanmail.net
전화: 051-517-6068

값 10,000원

ISBN 978-89-97805-70-9 03810

이 도서의 국립중앙도서관 출판시도서목록(cip)은 서지정보유통지원시스템 홈페이지(http://seoji.nl.go.kr)와 국가자료공동목록시스템(http://www.nl.go.kr/kolisnet)에서 이용하실 수 있습니다.(cip2018016335)